総監修者まえがき

小さいころはあそべばあそぶほど「前頭前野」と「ワーキングメモリー」が鍛えられ、頭のいい子に育ちます

　親は、子どもに「あそんでばかりいないで勉強しなさい」と言います。でも、子どもは、あそんだ方がいいのです。特に小さいころは、たくさんあそんだ方が脳は発達し、小学生、中学生になるころには「勉強しなさい」と言われなくても成績がいい、頭のいい子に育ちます。

　ちょうどおでこの裏のあたり、大脳皮質の前方に「前頭前野」と呼ばれる領域があります。人間の行動は「前頭前野」でコントロールされていて、集中力、思考力、計算力、記憶力、決断力などは、どれも前頭前野の働きです。ですから、頭がいい子に育てたければ、前頭前野をよく鍛えればいいのです。

　しかも、前頭前野が最も発達するのは小さいころ。楽しい刺激の方がどんどん発達しますから、前頭前野を鍛えるなら、脳を育てるのにふさわしいあそびを選んで、楽しくあそばせることがいちばんなのです。

Kisou Kubota

久保田 競（くぼた きそう）
主婦の友リトルランド「クボタメソッド 能力開発教室」理事。東京大学医学部卒業。京都大学霊長類研究所所長を経て、京都大学名誉教授。
2011年、長年の研究成果に対して、瑞宝章受章。毎年、米国脳神経外科学会議で数々の論文を発表し、世界的に有名な科学雑誌「NATURE」にも論文が掲載された、大脳生理学研究の第一人者。

クボタメソッドについて
「クボタメソッド」は久保田競先生、妻で共同研究者のカヨ子先生と主婦の友社が30年かけて築いてきた、子どもたちの「脳力」を最大限に伸ばすための最新育脳プログラムです。

　おりがみやあやとり、工作は、手と指と目の共同作業です。あそんでいるうちに脳の神経回路はどんどんつながって密になり、脳を流れる情報量はふえていきます。どんな形になるのか？　完成形をイメージしながら折ったり、作ったりすることで、「ワーキングメモリー」も鍛えられます（ワーキングメモリーとは、短期間記憶しておく必要があることを覚えておく脳の働きで、ワーキングメモリーが鍛えられると前頭前野が発達します）。ここで紹介するさまざまなあそびを通して、目、指、手、耳、口をいっぱい使って五感を鍛え、前頭前野をバランスよく発達させて、頭のいい子を育ててください。

久保田 競

あそびに際して注意していただきたいこと

「運動あそび」など
屋外でのあそびは広い場所で行い、
ケガをしないようにしましょう。

自動車や自転車の往来が激しい場所での
あそびは控えてください。

「りょう理」など火を使う場合は
やけどをしないように注意し、
大人の方と一緒に行うようにしてください。
万が一、燃え移るケースを想定して
水を入れたバケツを用意するなどしましょう。

刃物や針などを扱う場合は、指などを
切らないように気をつけてください。

あそんだ後は使ったものを
きちんと片づけましょう。

おりがみのひこうきやシャボン玉などを
人に向けて飛ばしたり吹いたりすることは
危険ですので避けてください。

もくじ

- 総監修者（そうかんしゅうしゃ）まえがき ……… 2
- 大人の方へ この本の見方 ……… 8
- **おりがみ** きほんのおり方と記号のやくそく ……… 10
- **あやとり** きほんのとり方と記号のやくそく ……… 12
- 大人の方へ シールの使い方 ……… 14
- ジャンル別 さくいん ……… 214
- あいうえお さくいん ……… 218

第1章 ひとりあそび

おりがみ	うでどけい ……… 16
	ハートのブレスレット ……… 17
	ぶんぶんごま ……… 18
	いちごのカード ……… 19
運動あそび	かけっこ ……… 20
	なわとび ……… 22
工作	モビール ……… 24
	恐竜のたまご ……… 26
	くり返しも様 ……… 27
	ダンボール・ブロック ……… 28
あやとり	ぱんぱんほうき ……… 30
	のびちぢみゴム ……… 31
	ネクタイ ……… 32
	リングおとし ……… 33
	かめ ……… 34

うらない	星うらない① ……… 36
	星うらない② ……… 38
	ゆめうらない ……… 40
りょう理	おにぎりをにぎってみよう ……… 42
	三角おにぎり、たわら形おにぎりにもチャレンジ！ ……… 43
	ごはんをたいてみよう ……… 44
	たまごをやいてみよう ……… 45
さつえい	トリックフォト ……… 46
でんとうあそび	紙ひこうきゴルフ ……… 48
	けん玉 ……… 50
さいほう	バラのかみかざり ……… 52
	プリントのブローチ ……… 54
ハンカチあそび	リボン ……… 56
	お人形 ……… 57

第2章 ふたりあそび

イラストあそび
- 絵の記おく ……… 58
- 同じネコをさがそう ……… 60

シャボン玉
- 小さいシャボン玉 ……… 62
- 大きいシャボン玉 ……… 63

おりがみ
- インコ ……… 64
- ゆきうさぎ ……… 65
- せみ ……… 66
- かたつむり ……… 67
- あじさい ……… 68
- バラ ……… 69

頭の体そう
- 指間とび ……… 70
- 指の三・三・七びょう子 ……… 70
- 両手ひとりジャンケン ……… 71
- ガッタイ ……… 71

お絵かき
- ○と△と□でかいてみよう ……… 72
- 動物園の人気者をかこう ……… 73
- パンやおかしをかこう ……… 74
- お話に出てくるキャラクターをかこう ……… 75

かげ絵
- 動物のかげ絵 ……… 76

みかんアート
- カメ ……… 78
- プテラノドン ……… 79
- パンツ ……… 79
- 目玉おやじ ……… 80
- おとの様 ……… 80

サイコロあそび
- 足し算 ……… 82
- 引き算 ……… 83
- かけ算 ……… 83

手あそび
- ジャンケンホイホイ ……… 84
- 剣と盾ジャンケン ……… 85
- ジャンケン手たたき ……… 86
- タコとタヌキ ……… 87

あやとり
- ヤシの木 ……… 88
- もちつき ……… 89
- さかなとりあみ ……… 90

歌あそび
- トントンパー ……… 92
- もしカメもちつき ……… 93
- バランスカッコウ ……… 94

運動あそび
- ロープ引きくずし ……… 96
- 新聞紙ずもう ……… 97
- ケンケン追い出しずもう ……… 98
- じん取り ……… 99
- おし合いっこ ……… 100
- 大根ぬき ……… 101
- スタンドアップ ……… 102
- 小さくな〜れ ……… 103

手品
- だんだん見えてくる10円玉 ……… 104
- ひとつだけ落とせない10円玉 ……… 105
- 見える見える！ ……… 106
- 字がさかさまになっちゃった ……… 107
- うかぶペットボトル ……… 107

屋外あそび
- 新聞テープさんぽ ……… 108
- 落とさないコンビ ……… 110
- ウォークラリー ……… 111
- ピョンピョンランド ……… 112
- 動物＆こん虫ハンティング ……… 114

早口言葉
- 初級編 ……… 116
- 中級編 ……… 117
- 上級編 ……… 117

手あそび
- ヒピトゥイトゥイ ……… 118
- ジャンケン算数 ……… 119
- こんにちは顔合わせ ……… 120
- ハイイハドン ……… 121
- あっち向けホイ ……… 122
- 天狗の鼻ウーヤッ ……… 123

おりがみ
- ロケット ……… 124
- ウインドボート ……… 125
- おすもうさん ……… 126
- だましぶね ……… 127

でんとうあそび
- オチャラカ ……… 128
- 将棋取り ……… 130
- ゴムだんでダンス ……… 132

手話
- 手話 ……… 134

第3章 みんなあそび

歌あそび
- もしカメひざたたき ……… 136
- 8421かたたたき ……… 138
- ちょうちょう ……… 139
- おべん当箱 ……… 140
- ドレミファドード ……… 142

おりがみ
- はらぺこがらす ……… 144
- ぱくぱく ……… 145
- かみでっぽう ……… 146
- ぴょんぴょんがえる ……… 147

なぞなぞ
- とくコツ①後ろにある言葉 ……… 148
- とくコツ②とくちょうをたとえる ……… 148
- とくコツ③さかさにする ……… 149
- とくコツ④きょう通のしぐさ ……… 149
- とくコツ⑤くっつける ……… 150
- とくコツ⑥文字を取る ……… 150
- とくコツ⑦ふたつの意味・ダジャレ ……… 151
- とくコツ⑧えらぶ ……… 151

トランプ
- ババぬき ……… 152
- 七ならべ ……… 154
- 数字合わせ ……… 156
- ダウト ……… 158

頭の体そう	じん問イエスノーゲーム ……… 160	運動あそび	ペットボトルボウリング ……… 188
	魚鳥木申すか申すか ……… 162		冷凍人間 ……… 190
	口漢字大会 ……… 163		家の中の羊さん ……… 192
	すきですか？ きらいですか？ ……… 164	おりがみ	ジェットき ……… 194
	わたしは何？ ……… 165		しゅりけん ……… 195
手品	水がこぼれないビニールぶくろ ……… 166		さるのきのぼり ……… 196
	うかんで消える10円玉 ……… 167	でんとうあそび	缶けり ……… 198
	大きくなる5円玉のあな ……… 168		Sケン ……… 200
	コインはいくつ入るかな？ ……… 169		ベーゴマ ……… 202
	こぼれない水 ……… 170		おはじき ……… 203
	はがきのわくぐり ……… 171	屋外あそび	葉っぱ＆木の実のおもちゃ ……… 204
運動あそび	しっぽふみ ……… 172	手あそび	鼻つまみ1・2・3 ……… 206
	ハリケーンランニング ……… 174		かた上げて！ ……… 208
屋外あそび	春の植物さがし ……… 176		後出しジャンケン ……… 209
	秋の植物さがし ……… 178		グーパー空手 ……… 210
	小石さがし ……… 180		売っていたらはく手 ……… 212
	雲さがし ……… 182		頭たたき はらさすり ……… 213
手品	思い通りにゆれるふり子 ……… 184		
	なかよしクリップ ……… 185		
	ハンドパワー風車 ……… 186		
	あなが大きくなった？ ……… 187		

大人の方へ この本の見方

子どもが楽しくあそびやすいよう、誌面の各所にさまざまな工夫をこらしました。

あそぶ人数
ひとりでもみんなでも楽しめる

章立ては、「第1章：ひとりあそび」「第2章：ふたりあそび」「第3章：みんなあそび」。ひとりで、親子で、きょうだいや友だちとなど、人数に応じたあそびが選びやすくなっています。
★同じジャンルのあそびでも、たとえば、ひとりでするあやとりは第1章、ふたりでするあやとりは第2章のように、複数の章に入っているあそびもあります。

インデックス
色でジャンルがすぐにわかる

あそびのジャンルごとに決まった色が使われているので、「ピンクはあやとり」「緑はかげ絵」のように、あそびたいジャンルのページを、インデックスの色からパッと判断でき、すぐに開けます。文字の読めない子どもにも便利！

ふりがな
ひらがな・カタカナが読めれば子どもだけで楽しめる

小学校3年生までの漢字が使われていますが、大人に向けた部分を除いて、すべての文章にふりがながついています。ひらがな・カタカナを知っていれば、子どもだけで読めてあそべます。

パラパラ漫画
アニメのように動いて見える！

左ページの下には、パラパラ漫画が入っています。連続してめくると生き生きと動いて見え、アニメーションのように楽しめます。

難易度
「かんたん／ふつう／がんばれ」の3段階

それぞれのあそびについて、子どもが行う際の難易度の目安を入れました。「簡単なあそびからやってみよう」「ちょっとむずかしいあそびにチャレンジ」といったように、難易度からもあそびが選べます。

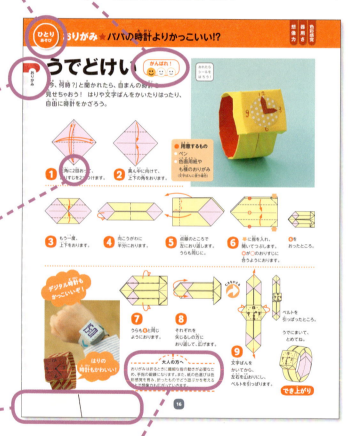

大人への注意書き・補足
あそぶときに気をつける点など

ページによっては、「大人の方へ」という部分があります。主に、そのあそびを子どもがするときに、大人が気をつけてあげたい点や教えてあげたい内容などです。必ず読んで、注意点を守ってください。また、ジャンル（あそび）ごとに育まれる力についての解説が入っている箇所もあります。

あそびのカテゴリー

25ジャンルの多彩なあそび

なつかしのあそび／今どきのあそび、室内／屋外でのあそび、体／頭／指先を使うあそびなど、さまざまなあそびが満載！

- ● おりがみ
- ● 運動あそび
- ● 工作
- ● あやとり
- ● うらない
- ● りょう理
- ● さつえい
- ● でんとうあそび
- ● さいほう
- ● ハンカチあそび
- ● イラストあそび
- ● シャボン玉
- ● 頭の体そう
- ● お絵かき
- ● かげ絵
- ● みかんアート
- ● サイコロあそび
- ● 手あそび
- ● 歌あそび
- ● 手品
- ● 屋外あそび
- ● 早口言葉
- ● 手話
- ● なぞなぞ
- ● トランプ

用意するもの

あそびに必要な道具や材料など

道具や材料などが必要なあそびには、使うもの一覧を入れてあります。身近なものばかりで、特別なものは必要ありません。

育まれる力

あそびを通して伸びる子どもの力

それぞれのあそびを通し、育まれる力です。下記から、代表的なものを三つずつ入れました。

- ● 集中力
- ● 協調性
- ● 想像力
- ● 創造力
- ● 思考力
- ● 記憶力
- ● 観察力
- ● 好奇心
- ● 探求心
- ● 推理力
- ● 器用さ
- ● 色彩感覚
- ● 表現力
- ● 言語力
- ● 社会性
- ● コミュ力（コミュニケーション能力）
- ● 生活力
- ● 運動能力
- ● 瞬発力
- ● 持久力
- ● バランス感覚
- ● 音感
- ● リズム感

シール

ふろくのシールであそびが広がる！

本書には、シールがとじ込まれています。あそびによってはシールを貼るスペースが入っているので、そのあそびをしたら「できたよシール」を貼ると、子どもの達成感もアップ！
また、作ったおりがみに「目玉シール」や「かざりシール」などを貼れば、オリジナル感が出て、さらに楽しめます。

くわしくは
14ページ参照

あそび方

あそびの解説やアレンジのアイディアなど

作ったものなどを使ってどうあそぶか、あそび方の解説。あそび方のアレンジなど、さらに楽しみ方が広がるアイディアもあちらこちらに載っています。

カバーの裏でもあそべる！

カバーを裏返して広げると大きなすごろくになっています。

土俵は、126ページのおりがみ「おすもうさん」を使ってあそべます！

おりがみ きほんのおり方と記号のやくそく

おりがみであそぶときに使いましょう。おり方のきほんがのっています。
おるときのお手本「おり図」に出てくる、いろいろな記号もここでわかります。

●谷おり
点線のところが内がわに「谷」になるようにおります。

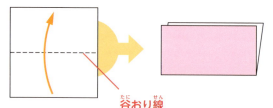

谷おり線
矢じるしのほうに谷おり

●山おり
点線のところが外がわに「山」になるようにおります。

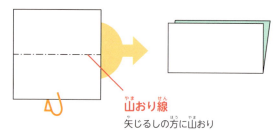

山おり線
矢じるしの方に山おり

●おりすじをつける
一度おってもどすと、すじがついて次をおる目安になります。

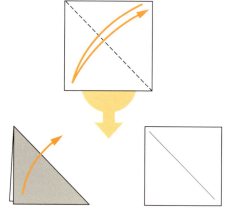

① 点線のところで谷おりした後、もどします。
② おったところにおりすじがつきました。

●だんおり
おり上がりが「だん」になるように、山おりと谷おりを、となり合わせにおります。

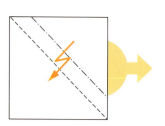

① さいしょに谷おりで半分におったら、点線のところでおり返します。
② 山おりと谷おりがとなり合わせになって、「だん」がおれました。

●おりずらす
おっている面とちがう面を出します。

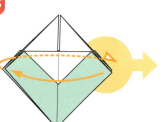 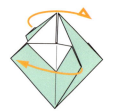 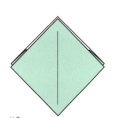

① 手前を左に、向こうを右におります。
② 今までおっていたのとちがう面が出ました。

●開いてつぶす

四角を開いてつぶす

のあたりから、四角のふくろに指を入れます。
そして、矢じるしの方に開いたら、つぶします。

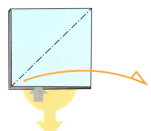

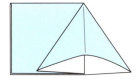

1 四角のふくろに指を入れて開いたところ。

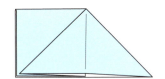

2 つぶすと三角にへん身！

三角を開いてつぶす

のあたりから、三角のふくろに指を入れます。
そして、矢じるしの方に開いたら、つぶします。

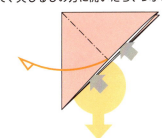

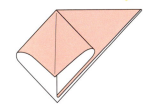

1 三角のふくろに指を入れて開いたところ。

2 つぶすと四角にへん身！

●中わりおり

ふたつおりの間をわって、おり入れます。

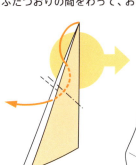

1 おり線のところで一度おってもどし、おりすじをつけます。

2 少し広げて、おりすじのところで中におり入れます。

3 もっとおり下げて…。

4 中わりおりのでき上がり。

●外わりおり

ふたつおりを、と中からうら返します。

1 おり線のところで一度おってもどし、おりすじをつけます。

2 ふたつおりを広げて、おりすじのところでぺこんとうら返します。

3 おりたたむと、外わりおりのでき上がり。

あやとり　きほんのとり方と記号のやくそく

あやとりをするときに見てください。
きほんのかまえや、
いろいろな記号の意味も
ここにのっています。

●手と指のよび方

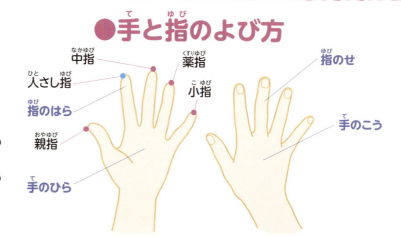

「指のせ」は、指先のつめのあるがわを指します。
「指のはら」は、指先の手のひらがわを指します。

●とり方のやくそく

指のせでとる

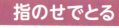

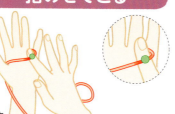

1 ひもを下から、指のせでとります。

2 ひもをひいて、とります。

指のはらでとる

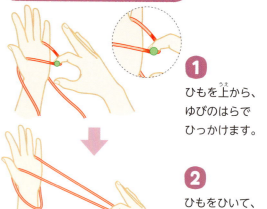

1 ひもを上から、ゆびのはらでひっかけます。

2 ひもをひいて、とります。

●あやとりのマークの見方
あやとりのページに出てくるマークです。

ナバホとりのマーク　◇　◆

◆のひもをはずさないで、
◇のひもだけはずすマークです。

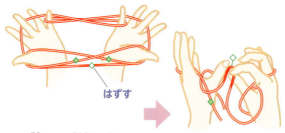

かた方ずつ、反対の手で◇をはずします。

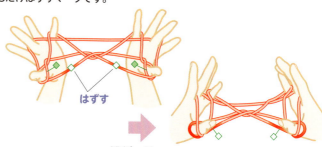

なれてきたら、親指を内がわにたおして◆をおさえると、◇がはずせます。

●きほんのかまえ

はじめのかまえ

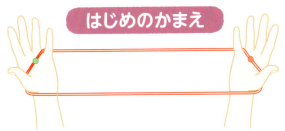

ひもを両手の親指と小指にかけたじょうたいです。

中指のかまえ

① はじめのかまえの●を、右手の中指のせでとります。

② をとっているところ。

↓

② 左手の中指のせで、●をとります。

③ 中指のかまえのでき上がり。
上から見たところ。

人さし指のかまえ

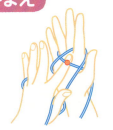

① はじめのかまえの●を、右手の人さし指のせでとります。

② をとっているところ。

↓

② 左手の人さし指のせで、●をとります。

③ 人さし指のかまえのでき上がり。

横から見たところ。この図では、中指のかまえとのちがいがよくわかるように、人さし指の上の方にひもをかけています。

指や手を入れるマーク ▼▲

上から（▼）、または、下から（▲）指や手を入れるマークです。

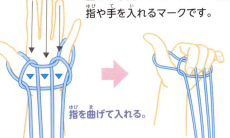

指を曲げて入れる。

指や手の動きをしめすマーク →

ひもをひねったり、まきつけたりする方向や、指や手を動かす方向をしめすマークです。

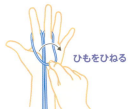
ひもをひねる

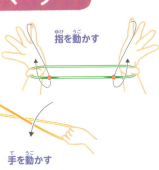
指を動かす
手を動かす

そのほかのマーク

指でとる、おさえる、引っぱる、つまむ、はずすなどの動きをしめすマークは

● ○ × ◆ ◇ を使っています。

大人の方へ シールの使い方

巻末にあるシールを達成感のアップやおりがみの完成度をより高めるために活用してください。

できたよシール

できた項目に貼って達成感を！

「よくできました！」「やったね！」「GOOD！」「上手！」の4種類があります。そのときの気分で使い分けてかまいません。子どもと達成感を分かち合いましょう。

目玉シール

生き物のおりがみの目玉です。笑っていたり、より目立ったり、かわいい仕上がりに役立ちます！

はらぺこがらす ➡ P144

数字シール

数字を貼ってカラフルに！

ぱくぱく ➡ P145

おさるシール

木登りに使う、さるの顔です。表情いろいろ。

さるのきのぼり ➡ P196

かざりシール

星などをモチーフにした飾りです。飛行機やロケットなどに自由に使ってください。

せみ ➡ P66

インコ ➡ P64

ぴょんぴょんがえる ➡ P147

ジェットき ➡ P194

ロケット ➡ P124

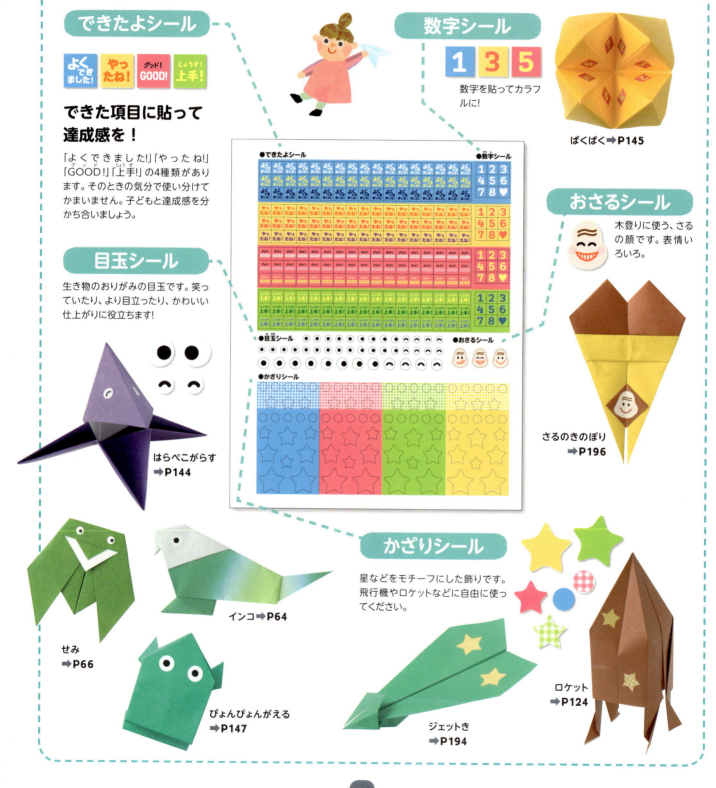

第1章 ひとりあそび

ひとりあそび おりがみ ★ パパの時計よりかっこいい!?

色彩感覚／器用さ／想像力

うでどけい がんばれ！

「今、何時?」と聞かれたら、自まんの時計を見せちゃおう！ はりや文字ばんをかいたりはったり、自由に時計をかざろう。

おれたらシールをはろう！

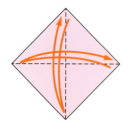

1 三角に2回おって、おりすじを2つつけます。

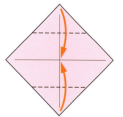

2 真ん中に向けて、上下の角をおります。

● **用意するもの**
- ペン
- 色画用紙やも様のおりがみ（文字ばんに使う場合）

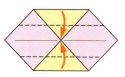

3 もう一度、上下をおります。

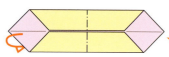

4 向こうがわに半分におります。

5 点線のところで左におり返します。うらも同じに。

6 ▼に指を入れ、開いてつぶします。◎が○のおりすじに合うようにおります。

6をおったところ。

デジタル時計もかっこいいぞ！

はりの時計もかわいい！

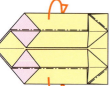

7 うらも**6**と同じようにおります。

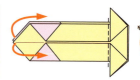

8 それぞれを矢じるしの方におり返して、広げます。

むきをかえる

9 文字ばんをかいてから、左右を山おりにし、ベルトを引っぱります。

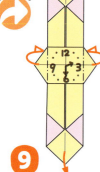

ベルトを引っぱったところ。

うでにまいて、とめてね。

でき上がり

大人の方へ
おりがみは折るときに繊細な指の動きが必要なため、手指の鍛錬になります。また、紙の色選びは色彩感覚を育み、折ったものでどう遊ぶかを考えることで想像力も広がっていきます。

ハートのブレスレット

うでにつけたら、ハートに目がくぎづけ!
友だちにプレゼントするのもいいね。
うらにも様のあるおりがみを使うと、
わっかの部分もかわいくなるよ。

おれたらシールをはろう!

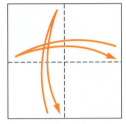
1 四角に2回おって、おりすじを2つつけます。

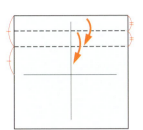
2 上半分を、半分のそのまた半分におって、まくように2回おります。

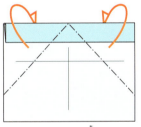
3 おりすじに合わせて向こうがわへおります。

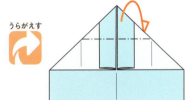
4 うら返したら、おりすじのところで向こうがわへおります。

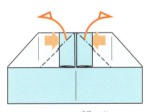
5 ▶から指を入れ、矢じるしの方へ開いてつぶします。

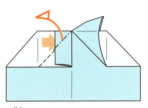
開いてつぶしているところ。

うでにまいて、わっかにしてとめてね

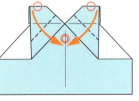
6 ○と◎が合うように、それぞれおります。

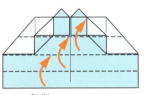
7 点線のところで3回まくようにおります。

7をおったところ。

でき上がり

※おりがみのきほんは10〜11ページを見てね。

ひとりあそび　おりがみ ★ おもしろい音が鳴るよ

ぶんぶんごま　かんたん！

回りながら「ブーンブーン」と音がする楽しいこまだよ。

用意するもの
- 24センチくらいの大きいおりがみ2枚
（ふつうの大きさのおりがみでも作れます）
- ひも（60センチくらい）

おれたらシールをはろう！

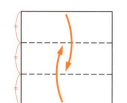

1 色のちがう2まいを、それぞれ三つおりにします。

2 はしを三角におります。もう1まいも同じにおります。

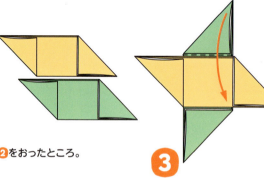

2をおったところ。

3 図のように2つを重ねたら、上の三角を内がわにおります。

4 となりも同じようにおって重ねます。

5 下の三角もおって重ねます。

6 のこりの三角も同じようにおります。

7 6の三角の角を中におりこみます。

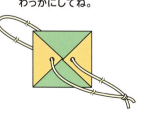

7をおったところ。

でき上がり
あなを2つ開け、ひもを通してわっかにしてね。

ブーンブーン！

回してあそぼう！
ひものはしを指にかけ、クルクル回してひもをねじるよ。ねじれの山がたくさんできたかな？　手を左右に広げてひもを引っぱったり、手をせばめてひもをゆるめたりを、れんぞくでしてみよう。こまが回って、音がするよ！

いちごのカード

かんたん！

かわいくってドキドキしちゃう、
いちごの形のカードだよ。
両面おりがみでおるのがおすすめ！
も様の紙をえらぶと楽しいよ。

- 用意するもの
  - 両面おりがみや、も様のおりがみ
  - 色画用紙、ペン

赤と緑の両面おりがみでおると、こんなふうにでき上がるよ

いろいろかざっておたん生日におくっちゃおう

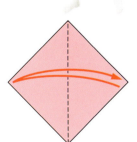

1 三角におって、おりすじをつけます。

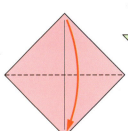

2 ちがう向きに三角におります。

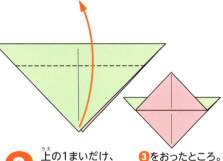

3 上の1まいだけ、先がとび出すようにおり上げます。

3をおったところ。
うらがえす

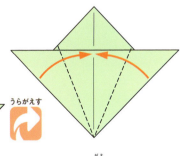

4 うら返したら、おりすじに合わせて左右をおります。

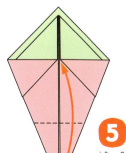

5 下の角をおり上げます。
うらがえす

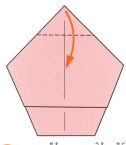

6 うら返したら、上の角を少しおり下げます。

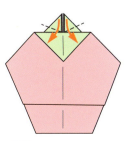

7 「へた」をななめにおります。

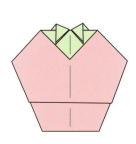

でき上がり

※おりがみのきほんは10〜11ページを見てね。

ひとりあそび｜運動あそび ★ 速く走ってみよう！

かけっこ

運動会や友だちとあそぶときに一等しょうが取れるように走る練習。速く走るコツを身につけちゃおう。

かんたん！ 😊😊😊

速く走るコツ

スタートダッシュ

50メートルくらいの短いきょりなら、スタートダッシュが勝負を左右します。ヨーイドンの合図に反のうして、すぐにとび出せるかまえをマスターして。

うでをしっかりふる

うでのふりがよくなると、足の運びもスムーズになります。小さな子どもでもマスターしやすいので、さっそく始めましょう。

足を大きく動かす

足の大きな動きがスピードアップにつながります。そのためには、きん力やじゅうなんせいもかかせません。

ゴールを走りぬける

かけっこのとき、ゴール前であきらめてしまったり、ゴールで立ち止まってしまうケースも。さい後まで走り切る気持ちと体力をつけましょう。

理想の走り方

1 スタートダッシュ

「気をつけ」のしせいで体を前にたおしていったとき、先に前に出た足を後ろにして、ヨーイのかまえを作ります。

いちについて

まずはリラックスして、真っすぐ立ちます。このとき、目線は前へ。

ヨーイ

次に前足に体重をのせ、ひざを曲げて、力をためます。

ドン

体を前にたおしたまま、地面を強くけってとび出します。

2 うでをしっかりふる

うでをしっかりふることが、リズムよく、スムーズな足運びにつながります。正しいうでのふり方をマスターしましょう。

ひじを90度に曲げて後ろに引く。前の手はかたの高さほどまで上げる。

うでをふっているときは、むねの四角がつねに前を向くようにして。

3 足を大きく動かす

うでふりの次は足運びをマスターしましょう。足を大きく動かして、力強く地面をけれるようになれば、スピードがアップします。

歩はばを大きくする。

ももを高く上げ、地面を強くけって。

足をリズムよく大きく動かす。

前の足にどんどんのっていき、スピードを上げる。

4 さい後まで走り切る

ゴールの手前でしっ速してしまったり、ゴールで立ち止まってしまったりするのは、よくあるシーン。ゴールを走りぬけていく気持ちと体力を!

さい後まであきらめずに。

ゴールが見えても気をぬかずに!

一等しょうをイメージして

ゴールテープを切るまでは安心しないで。

ひとりあそび　運動あそび ★ 上手にとんでみよう!

なわとび　かんたん!

前とびやかけ足とび、二重とびなどいろいろあるけれど、まずは前とびにちょうせんして。フォームより、れんぞくでとべるたっせい感を味わいましょう。

- **用意するもの**
  - なわとび

なわのえらび方

やや重みのあるロープタイプなら、なわを回す感かくがつかみやすい。50回くらいとべるようになったら、軽いゴムタイプに切りかえて。

なわのにぎり方

ロープタイプ
ロープのはしを手のひらに1しゅうまきつけてから、にぎります。

ゴムタイプ
グリップの下の方を手のひらに当てて、にぎります。

なわの長さ

はじめはかたくらい

なれたらむねくらい

かた足でふみ、かたくらいの長さに調整(写真左)。れんぞくで5〜10回とべるようになったら、むねくらいの長さにします(写真右)。

1 なわとびをマスター

1 なわを前におく
スタンバイのしせいをとります。さいしょはなわを回しやすいように、なわは後ろではなく、前においてかまえて。

2 とびこえる
とぶときは、両足をそろえるのがポイント。また、なわがからまってしまわないように、両うでは体の横で開くようにしましょう。

1〜3をくり返そう!

大人の方へ

運動は、体を動かすことで運動能力や持久性、瞬発力といった身体能力を向上させるだけでなく、がんばって目標をクリアしたときの達成感や自信という目に見えないギフトを子どもにもたらします。「かけっこで一番になる!」や「なわとびで5回以上跳ぶ」といった、やる気が起こる目標を設定しましょう。大人は子どもを応援するとともに、ケガのないように注意して見守りましょう。

瞬発力 運動能力 持久力

運動あそび

ポイント

かけ足とびで感かくをつかむ

練習の合間に、かけ足とびをはさんで。しせいがよくなり、うでを上手に回せる感かくをつかめます。

わきをしめてひじ先はななめに

ひじ回しのときはわきを少ししめ、ひじ先をななめにかまえるようにすると、ひじや手首で回しやすくなります。

2 5回い上つづけてとんでみる

3 れんぞくで10回い上とぶ

③ **なわを回して元にもどる**

とびこえたら、しせいをよくし、両うでを大きく後ろから前に回して、①のしせいにもどります。その後、①〜③をくり返しながら練習して。

さいしょはしせいが悪くてもオーケー

とぶ→回すのリズムをつけて。このだん階では、とんで前に進んでしまっても、しせいがやや悪くても、気にせず練習して。

目線は真っすぐ！

つま先でとんで

一定の場所で真っすぐ上にとぶ

真上にとび、同じ場所に着地する練習をしましょう。目線は遠くの一点を見つめるように真っすぐをキープして。

なわの回し方は3だん階

なわがしっかり回せるようになることがポイント。上たつにおうじ、かた回し→ひじ回し→手首回しとだん階をふんで練習を。

1 かた回し

さいしょはなわをコントロールしづらいので、かたを使って大きく回しましょう。

2 ひじ回し

5回くらいれんぞくでとべるようになってきたら、ひじを中心にした回し方になっていきます。

3 手首回し

リズムよくとべるようになってきたら、回数にともない、手首で回せるようになります。

23

> ひとりあそび　工作★つるしてあそぼう！

モビール

かんたん！

動く工作、モビールを作ってみよう。
ひらひらゆらゆら、風にゆれる色と形。
そのときどきで、いろいろな表じょうにかわります。

● 用意するもの
- 色画用紙
- フェルト
- はさみ
- のり
- せっ着ざい
- あな開けパンチ
- たこ糸
- 木のえだ

作り方

1 色画用紙を2まい重ねて、すきな形に切ります。木のえだにぶら下げたい数だけ、形を切っておきます。重ねて切った色画用紙を、のりではり合わせて。

2 フェルトをすきな形に切って、1にせっ着ざいではり、モチーフを作ります。

3 2の上下にあな開けパンチであなを開け、たこ糸を通し、モチーフとモチーフをつないでいきましょう。

4 木のえだにたこ糸をむすんで、かんせい！バランスを見て、たこ糸を長くしたり、短くしたり、モチーフをふやしてもオーケー。

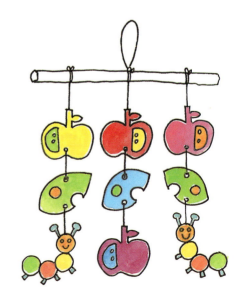

大人の方へ
● 工作は、与えられた材料と道具を使って作品を作り上げるクリエイティブなあそびです。完成した作品をイメージする想像力と色彩感覚や道具を使いこなす器用さ、完成するまでとり組む集中力など、さまざまな力が養われます。
● 刃物はよく使う道具のひとつなので、とり扱いに注意してください。

ひとりあそび 工作 ★ はってあそぼう！

恐竜のたまご

かんたん！

大昔に生きていた恐竜のたまご。どんな色やも様をしていたのかな？ にわとりのたまごが、恐竜のたまごにへん身します！

● 用意するもの
- たまごのから
- パレット
- 絵の具
- のり
- 筆
- 台紙になる紙

作り方

1 パレットに絵の具を出して、少しの水でといてから、筆でたまごのからに色をぬって。いろいろな色をぬっておくのがおすすめ。

2 絵の具がかわいたら、大きなからは小さくわります。

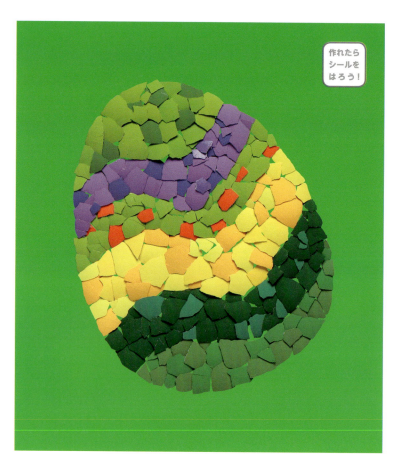

作れたらシールをはろう！

3 たまごの形を作りながら、のりで台紙にはっていきます。にた色でグラデーションをつけたり、正反対の色を近くに持ってくるなど、バランスを見てはるのがポイント。

26

ひとりあそび　工作 ★ 切ってあそぼう！

くり返しも様

ひとつの形を切るだけで、同じ形がたくさんつながってできます。いろいろな色と形を作って組み合わせれば、かっこいいデザインに！

かんたん！

用意するもの
- 色画用紙
- はさみ
- のり
- 台紙になる紙

作り方

1 色画用紙は山おり、谷おりをくり返しております。

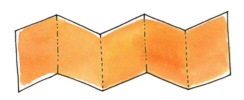

2 色画用紙の両はしをかん全に切らないように（つなげておく）注意して、はさみですきな形に切ります。

3 いろいろな色画用紙で、いろいろな形を作って開きましょう。

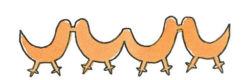

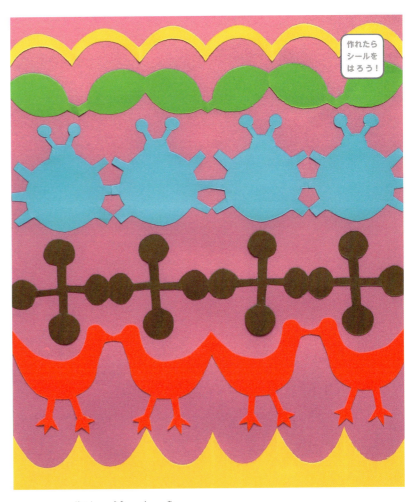

作れたらシールをはろう！

4 3を台紙の上で組み合わせて、のりではります。

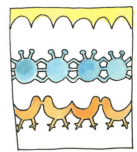

<ひとりあそび> 工作 ★ つなげてあそぼう！

ダンボール・ブロック

ダンボールと少しの工ふうがあれば
自分だけのおもちゃが作れます。
ぬる色で、かわいくも、かっこよくもできちゃう！

かんたん！ 😊😊😊

● **用意するもの**
- ダンボールの切れはし
- はさみ
- 絵の具
- 筆
- パレット
- クレヨン

作り方

1 ダンボールを10〜15センチ四方にはさみで切ります。かたくて切れない場合は、大人におねがいしましょう。

2 ①にはさみで真ん中くらいまで切りこみを入れます（はばを3ミリくらい取る）。切りこみは1カ所でも2カ所でもオーケー。

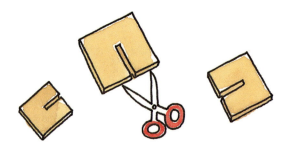

3 絵の具やクレヨンで色をぬります。工ふうしてぬってみましょう。

4 切りこみの部分を別のダンボールにつなげて、すきな形を作りましょう。

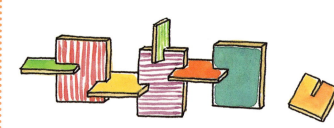

| ひとりあそび | あやとり ★ 手をたたけば、ほうきにへんし〜ん！ | 集中力 / 想像力 / 器用さ |

ぱんぱんほうき

かんたん！ 😊😊😊

パンッ！と手をたたきながらひもをはずすと、ほうきになる！外国のいろいろな国でも同じあやとりがあって、アフリカでは「ハカリ」などとよばれているよ。

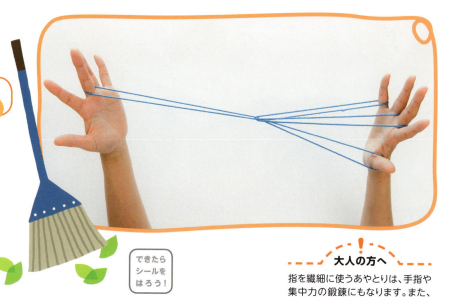

できたらシールをはろう！

大人の方へ
指を繊細に使うあやとりは、手指や集中力の鍛錬にもなります。また、でき上がった形から、実際のものをイメージする想像力にもつながっていきます。

❶ はじめのかまえ （13ページ）

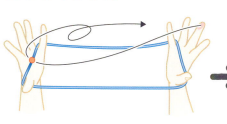
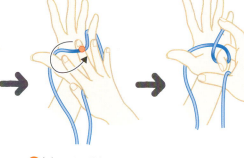

はじめのかまえをします。右手の中指のせで、●を下から1回ねじってとります。

❶をとっているところ。

ねじっているところ。

❷

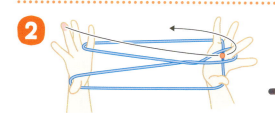
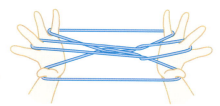

左手の中指のせで、●をとります。

❷をとったところ。

❸

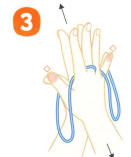

パンッ！

でき上がり

両方の手のひらを合わせ、右手の親指と小指のひもをはずして、両手を左右に開きます。

「ぱんぱんほうき」のでき上がり！

●…とるひも　◇…はずすひも

ひとりあそび あやとり ★ ひもがのびたように見えるよ!

器用さ / 想像力 / 集中力

のびちぢみゴム

両手の指を開いたり、とじたりするとひもがゴムになったみたいにのびたりちぢんだりするよ。

かんたん!

びょーん

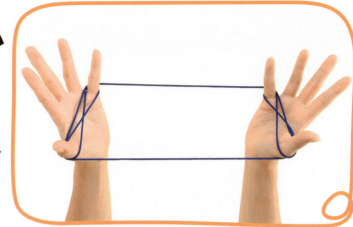

できたらシールをはろう!

1
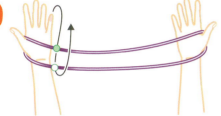

両手の親指にひもをかけます。左手の小指のせで●と○を、2本いっしょにとります。

2
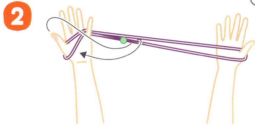

左手の親指のせで、●をとります。

3
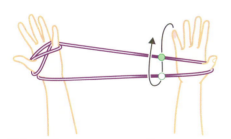

右手の小指のせで●と○を、2本ともいっしょにとります。

4
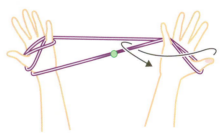

右手の親指のせで、●をとります。

でき上がり
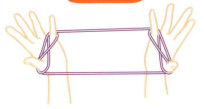

「のびちぢみゴム」のでき上がり!

あそんでみよう!
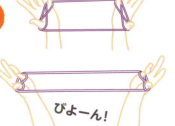
びょーん!
びょーん!

1 親指と小指をいっぱいに開くと、ゴムがちぢみます。

2 とじるとゴムがのびるよ!

●…とるひも　○…とるひも

※あやとりのきほんは12〜13ページを見てね。

| ひとり あそび | あやとり ★ パパのネクタイみたいにりっぱ！ | 集中力 想像力 器用さ |

ネクタイ

かんたん！ 😊😊😊

首にかけるめずらしいあやとりです。
アフリカのナイジェリアのあやとりで、
向こうでは「ハンモック」とよばれています。

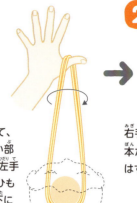

1

※イラストは上から見たところです。

ひもを二重にして、首（はだ色の丸い部分）にかけます。左手の親指に2本のひもをかけ、指先を下に向けます。

2

右手で◇（指先の1本だけ）をつまんで、はずします。

3

できたらシールをはろう！

❷ではずしたひもを、右手の親指にかけ、→の方に開きながら、両方の手のひらを上に向けます。

4

●を左手の小指にうつします。

5

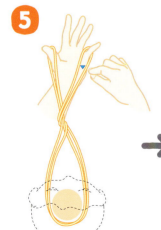

右手の親指と人さし指を▼から入れます。

6

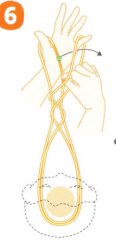

●をつまんで、→の方向に出します。

7

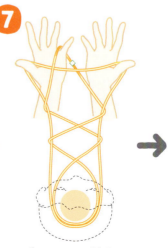

❻で出したひもを右手の親指にかけ、左手の小指から◇をはずします。

でき上がり

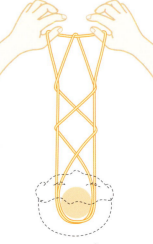

「ネクタイ」のでき上がり！

32

● …とるひも　◇ …はずすひも　▼ …上から入れる

ひとりあそび あやとり ★ 「トリックあやとり」にみんなびっくり!

集中力 / 想像力 / 器用さ

リングおとし

ひもに通したリングやコインが、
あれあれ、ふしぎ！ ひもからはずれるよ!!
コインを使うなら、
あなのある5円や50円を用意してね。

かんたん！

できたらシールをはろう！

①

リングに、ひもを通します。

② はじめのかまえ（13ページ）

はじめのかまえをします。
右手の中指のせで、●をとります。

ふしぎな「トリックあやとり」
ここでは、ちゃんとひもに通したはずのリングが、ひもからぬけてしまいます。このような手品みたいなあやとりを、「トリックあやとり」と言います。
おぼえておくと、みんなをびっくりさせることができるよ！

③
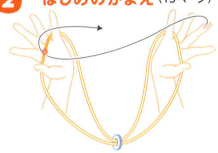
左手の中指のせで、●をとります。

③をとったところ。これで「リングおとし」の用意ができました。

④

両方の手のひらを「パンッ！」と合わせて、右手の親指と小指、左手の中指と小指のひもをすばやくはずします。

⑤
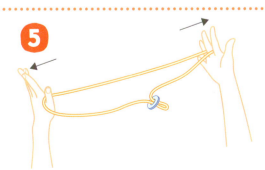
ひもを左右に引っぱります。

でき上がり

あれっ、ふしぎ！
リングがコロンとぬけました!!

● …とるひも　◇ …はずすひも

33

※あやとりのきほんは12〜13ページを見てね。

ひとりあそび あやとり ★本物みたいに作ってみよう！

かめ

がんばれ！

南太平洋にあるパプアニューギニアという国のあやとりです。でき上がったら指からひもをはずして、つくえの上などにおいてね。

できたらシールをはろう！

1
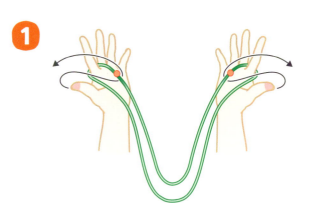

人さし指にひもをかけて、親指のせで●をとります。

2
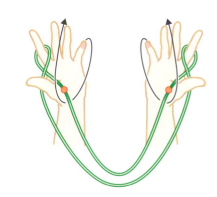

小指のせで●をとります。

3
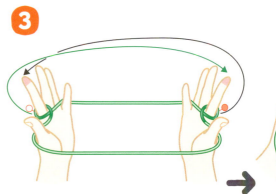

人さし指の「わ」を、反対がわの手の人さし指にかけ直します。さいしょに●をはずして左手にかけ、次に○を右手にかけ直します。

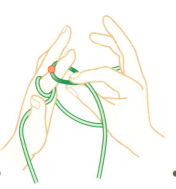

❸ではずし、左手にかけ直しているところ。

4
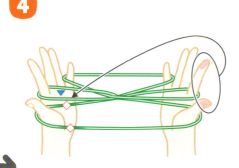

右手の親指と人さし指を▼に入れて、◇を2本ともつまみます。

●…とるひも　○…とるひも　▼…上から入れる

5
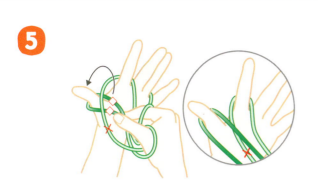
◇を一度はずして、×の上から親指にもどします。

6

右手の親指と人さし指を▼に入れて、◇を2本ともはずして小指にもどします。

7
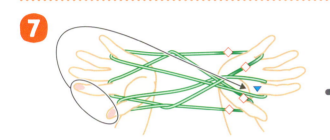
反対がわの手も同じようにします。

8
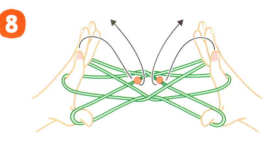
人さし指のせで、●をとります。

9
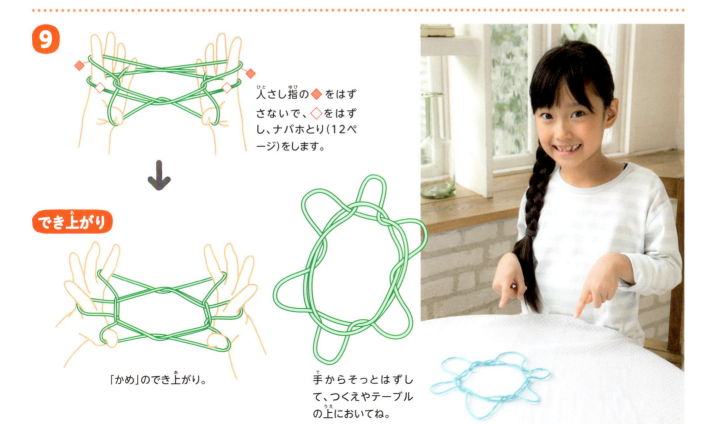
人さし指の◆をはずさないで、◇をはずし、ナバホとり（12ページ）をします。

でき上がり

「かめ」のでき上がり。

手からそっとはずして、つくえやテーブルの上においてね。

◆…はずさないひも　◇…はずすひも　×…このひもをまたぐ

※あやとりのきほんは12〜13ページを見てね。

星うらない ①

ひとりあそび うらない ★ 自分や友だちのせいかくを知ろう

ふつう！

「星うらない」をうまく使えば、自分の「せいかく」や「人生で何を大事にしているのか」がわかるよ。自分の星ざや友だちの星ざを見てみよう。

大人の方へ
星うらないは自分や周囲の人に興味を持つきっかけにもなります。また、星うらないをきっかけに天体のことを知りたくなる可能性もあります。大人がかかわる部分もあり、一緒に読んでみてください。

おひつじざ
3月21日～4月20日

男の子の場合
何事にもせっきょくてきなタイプで、だれかにしばられるよりも自由をこのみます。もしかすると習い事や目ひょうも次から次へとすぐにかわってしまうかも。おひつじざの男の子には他の子にはないリーダーシップがあります。しょう来はみんなからたよられる大人になるでしょう。

女の子の場合
何をするにも「みんなと同じじゃイヤ！」という気持ちが人一倍強いせいかくです。きょう調せいがあまりない一方で、「新しいこと」にちょうせんするのがとく意なタイプ。負けずぎらいなせいかくでもあるので、ライバルを見つけると、さらにあなたののう力は引き出されます。

おうしざ
4月21日～5月21日

男の子の場合
おうしざの男の子は、しん重でゆっくりと行動します。それは何事にも真心をこめるせいかくだから。まわりからはしんらいできる人として注目されるでしょう。一方で、かなりせつやく家です。だれかとどこかにあそびに行ったときに「ケチな人」といういんしょうをあたえないように注意しましょう。

女の子の場合
のんびりしているのがおうしざの女の子のとくちょうです。まわりの大人からすると心配に見えますが、強運の持ち主なので、生活で大きな苦ろうをけいけんすることはほとんどありません。ただし、「早く決めて！」とせかされるときだけ、よう注意。ゆとりがなくなると強運も弱まってしまいます。

ふたござ
5月22日～6月21日

男の子の場合
おしゃべりが上手でノリもいいので人気者になれるはず。ようりょうがよく、じゅうなんせいもあります。けれども、地道な作業が苦手。スポーツの世界でたとえるなら、「長きょり」よりも「短きょり」がとく意なタイプです。目ひょうができたときは、こうりつのいい方ほうを考えてみるといいでしょう。

女の子の場合
ようりょうがよく、運をつかむのも上手です。コミュニケーションのう力も高いので、人とのかかわり合いの中でチャンスをつかむことでしょう。どこかあきっぽいせいかくでもあります。き用なので始めたことはすぐにうまくなりますが、長つづきしないのが弱点です。

> **星うらないの起げん**
> 星ざなど星うらないのれきしはとても古いです。なんと海外では日本ができる何千年も前から、星を使って天気や国のみ来についてうらなっていたようです。

かにざ

6月22日～7月22日

男の子の場合
少し内向てきなせいかくです。本当はやさしいのに、まわりの人に「つめたい人」だと間ちがったいんしょうをあたえがち。まわりのために何かできることがあったら、せっきょくてきに行動するといいでしょう。また、デリケートなせいかくなので、近くに何でも相談できる人がいるといいでしょう。

女の子の場合
人のために何かをしてあげる「ほう仕」のせい神にあふれた、やさしい心の持ち主です。しょう来は、人のために何かをする仕事につくかのうせいが高いでしょう。ただ、引っこみ思あんなせいかくでもあるので、他人に心をとざしてしまうと、自分のみ力がつたわりません。

ししざ

7月23日～8月22日

男の子の場合
パワフルな行動力の持ち主で、いつも自分の意見をしっかり持っています。だから、たよりになるそんざいとしてまわりから注目されるでしょう。ただ、負けたくないという気持ちも人一倍強いので、ケンカもしがち。人とのあらそいをさけたいのなら、相手の意見に合わせてあげて。

女の子の場合
自こ主ちょうが強く元気いっぱいです。強い向上心を持ったこせいの持ち主ですが、一方でわがままに見られることも。ルールにしばられると急に元気がなくなります。できることなら、自由な校風の学校に通うといいでしょう。もしリーダーになったら活やくできます。

おとめざ

8月23日～9月23日

男の子の場合
頭がよく、やることはいつも正かくです。しかし、体力がない一面も。けんこうかん理はしっかりとしましょう。ざんねんなのは、人から反感を買う行動を取りがちなところです。人にアドバイスするのがすきなせいかくですが、ぎゃくにそれが反感を買うことも。

女の子の場合
心やさしくロマンチックなせいかくです。人に合わせるのもとく意なタイプ。けん実な人生を歩むかのうせいが高いでしょう。しかし、かんぺき主ぎの一面もあります。ふつうの子よりもつかれやすく、ストレスをかかえがち。リラックスすることを大事にして。

星うらない②　ふつう！

何か大事なことを決めるときや、なやみがあるとき、かべにぶつかったときは、ぜひさん考にしてみてね。あなたをサポートしてくれるよ。

てんびんざ
9月24日～10月23日

男の子の場合

てれ屋でおしに弱いせいかくです。おしゃれやげいじゅつかん係のものがすきなので、しょう来はクリエイティブな仕事につくかもしれません。心配なのは、ねばり強さにかけるところ。ゆうじゅうふだんなところもあり、リーダーには向いていないかも。

女の子の場合

社交家でおしゃべり上手。また、人間かん係をよくするのう力にたけています。まわりの人からあいされ、せいこうへとみちびかれる運命と言えます。数少ないけっ点は、決だん力ととうそう心にかけること。何事もど力をおこたってしまうと、どんどん運気が下がっていきます。

さそりざ
10月24日～11月22日

男の子の場合

プライドが高く、とてもがんこなところがあります。エネルギッシュでねばり強さがあり、のう力もそなえています。ただ、少しき転がきかないところがあるので、それを理かいして助けてくれる人がまわりにいるとうまくいくことでしょう。

女の子の場合

負けずぎらいで強いしゅう着心(こだわり)を持っています。パワフルで一度決めたことはかならずさい後までやりとげる意しの強さもあります。一生けん命に行動するので、ど力は実るせいかく…と思いきや、ぶき用なので世わたりは苦手な方です。ただし、さい終てきにはど力はむくわれます。

いてざ
11月23日～12月21日

男の子の場合

明るくて、いつもおもしろいものをさがし回っています。だれにもそくばくされずに生きたいタイプです。けっ点は、大ざっぱで短気なところ。あわてんぼうなので、小さなミスに気をつけましょう。苦手なところを大人がカバーしてあげると、のびやかにせい長できるはずです。

女の子の場合

気さくでオープンなせいかくの持ち主です。人を引きつけるせいかくでもあります。ただし、少しわがままに思われることも。明るくおおらかな一方、コツコツとしたど力が苦手なことも。マイペースすぎて、それが他人からのいんしょうをそこねるかのうせいがあるので気をつけて。

観察力 記憶力 想像力

12星ざではなく13星ざ!?
星ざは「12星ざ」ではなく「13星ざ」あるというせつも。アメリカのNASAによると、さそりざといてざの間にへびつかいざがあるみたい。

うらない

やぎざ
12月22日〜1月20日

男の子の場合
げん実てきなせいかくです。また、プライドも高いので少し意地っぱり。それは、まわりからチャラチャラした感じに見られるのがイヤな真面目なせいかくだからこそ。向上心とせい長意よくが強いので、まわりの大人はそこをほめてのばしてあげるといいでしょう。

女の子の場合
どの星ざの子よりもど力家でせい神てきにも強いです。苦ろうやしっぱいが運を強めていきます。真面目でねばり強さもありますが、それがまわりの人にはプレッシャーと感じることも。他人にきびしくなりすぎることは、ひかえた方がいいでしょう。

みずがめざ
1月21日〜2月18日

男の子の場合
げん実よりも理想を追いかけるタイプです。毎日がたいくつだと、やる気が出なかったり、投げやりになってしまうことも。自分のこせいが発きされる場所で活やくできれば、生き生きして、持ち前の頭のよさやそうぞう力がよりのびていきます。

女の子の場合
ゆたかな想ぞう力とするどいろん理せいをかねそなえた、天才のようなそんざい。さらに他人にもやさしくできる温かい心もあります。きっとすてきな友人にもめぐまれるでしょう。ただし、頭がよすぎるせいか、学校でもじゅ業とはかん係のない空想や考えが広がるクセには注意しましょう。

うおざ
2月19日〜3月20日

男の子の場合
友だちやすきな人のためなら、何でもしてあげられるやさしいせいかくです。おだやかで、感かくてきな言葉や行動が多いでしょう。近くにいると、い心地もいいので、人ぼうにもめぐまれます。ただし、感じょうのおもむくままに行動するところもあるので、まわりの人は注意しましょう。

女の子の場合
やさしくて、あまえるのもあまえさせるのも上手。さらにす直で人のために動けるけん身てきなタイプなので、人ぼうがあり、感しゃもされます。しかし、やさしすぎて、人にだまされたり、り用されるかのうせいもあります。人の役に立つことはいいことですが、自分のことも大事にしてあげて。

39

| ひとりあそび | うらない ★ 自分の運せいを知ろう |

ゆめうらない

あなたが見たゆめからも、かんたんな運せいや近いみ来に何が起こるのかがわかるよ。ぜひ自分のゆめにどんな意味があるのかを読みといてみてね。

大人の方へ
夢はさまざまなことを示し、現在や未来を導いてくれます。夢の持つパワーを味方につければ、毎日が充実したものになるでしょう。(夢うらない監修／梶原まさゆめ)

チョコレート

チョコレートを食べるゆめを見たら、友だちとのつき合いがうまくいきます。だれかからチョコレートをもらったら、まわりが幸せであることを表します。また、あなたがチョコレートを買ったなら、まわりの友だちからすかれていることをしめしています。

ドーム球場

「大きなドーム球場(たとえば、東京ドームや札幌ドーム)」のゆめを見るのは、知らない世界への期待を表します。また、そのドームが人やかざりでにぎやかなら、あなたが気持ちの切りかえやワクワクするような出会いをほしがっていることを意味します。

観察力 記憶力 想像力

うらない

ネコ

もしゆめに元気できれいなネコがあらわれたら、それは「まねきネコ」のようにあなたに幸せをよびよせることを意味しています。また友だちかん係がうまくいくこともしめしています。ただし、ネコがいっぱい出てくる場合はムダづかいの意味もあるので注意を。

犬

かわいくて人なつっこい犬が出てくるゆめは、あなたの友だちがふえることを表します。また家族や親せきなど、身近な人から大切にされることもしめしています。出てくる犬が子犬の場合、あなたをすきになってくれる人があらわれることを意味しています。

ケーキ

ケーキが出てくるゆめは、おいわいごとや楽しいこと、プレゼントを表しています。ゆめの中のケーキにクリームがたっぷりのっていると、そのプレゼントも大きなものになります。もしあなたがケーキのゆめを見たら、近いうちにきっといいことが起こります。

水を飲む

何か飲み物を飲むゆめは、コミュニケーションにかん係しています。もしあなたがゆめでゴクゴクと水を飲んでいたら、きっと今よりも家族や友だちとなかよくなれるはず。他にも水を飲むゆめは、運気がよくなることも表しているので、見たらラッキー！

| ひとりあそび | りょう理 ★ 自分のすきなものを作れると楽しい！

おにぎりを にぎってみよう

ふつう！

おべん当の主役は、やっぱりおにぎり！
ごはんをギュッギュッとにぎって、
上手におにぎりにしよう。

● **ざいりょう**
- 温かいごはん 400グラム
- しお 少々
- やきのり 1まい

作れたらシールをはろう！

水をつける

1 持ちやすい大きさのおわんや小さめのボウルを2コずつ用意します。ごはんがくっつかないよう、両方のおわんの内がわに水をうすくつけます。

ごはんを丸める

2 おわんのかた方に、にぎりやすいりょうのごはんを入れます。

3 もうひとつのおわんをかぶせて両手でしっかり持って、上下や左右に10〜20回ふります。

ごはんをにぎる

4 ごはんがくっつかないように、手にも水をつけます。しおを指先に少し取って、両方の手のひら全体にのばすようにつけます。

5 丸くなったごはんを両手でギュッギュッとにぎり、すきな形にします。

のりをはってでき上がり！

6 のりをおにぎりにまいたり、ちぎってはったりします。

> **大人の方へ**
> ● 生きる基本である「食」に、子どものころからふれさせたいもの。料理を通じて、手先の器用さや集中力がアップ。調理手順を考えることは、段取り力や計画性にもつながります。
> ● 料理の前に手を洗うことを習慣づけてあげてください。

集中力 / 器用さ / 生活力

りょう理

がんばれ！

三角おにぎり、たわら形おにぎりにもチャレンジ！

〔三角おにぎり〕 作れたらシールをはろう！

1 おわんで丸くしたごはんをかた手で持って、反対の手で三角の角を作るようにギュッとにぎります。

2 ごはんを回転させて、1と同じように次の角を三角になるようにぎります。これを何回かくり返して、三角形にします。

3 きれいな三角おにぎりのでき上がり！

〔たわら形おにぎり〕 作れたらシールをはろう！

1 おわんで丸くしたごはんをかた手で持って、細長くなるようギュッとにぎります。反対の手で上から軽くおさえて、形を整えます。

2 ごはんを回転させて、1と同じようににぎります。これを何回かくり返して、たわら形にします。

3 きれいなたわら形おにぎりのでき上がり！

〔具を入れるなら〕

1 すきな具を用意します（写真はさけフレークです）。

2 左ページの1、2と同じことをします。指先に水を少しつけ、ごはんの真ん中にさして、あなを開けます。

3 あなに具を入れます。

4 まわりのごはんをあなにかぶせます。後は左ページの3から6と同じことをします。

| ひとりあそび | りょう理 ★ 毎日食べるごはんの作り方だよ | 集中力 / 器用さ / 生活力 |

ごはんを たいてみよう

おにぎりを作るためには、ごはんがいるね。
では、ごはんはどうやってたくのかな？

 ふつう！

● ざいりょう
・米 2合
・水 お米と合ったりょう

できたらシールをはろう！

注意！

米用のカップは 180ml (ミリリットル)

米は、
1カップ＝1合＝180ml
とおぼえよう

★ふだん使う1カップ＝200mlの計りょうカップとはちがうので気をつけて！

「1合」と書いてあるカップもあります。

米をはかる

1 米用のカップで1合をはかって、別のボウルに入れます。同じことをもう一度くり返します。

米をあらう

2 ボウルに水を半分くらい入れて、ざざっとまぜます。

3 ざるに流しこんで水をすて、米の水気を軽く切ります。

手でこする

4 ボウルにまた水を半分くらい入れて、両手で軽く米をこすり合わせます。その後、3と同じことをくり返します。

5 水が半とう明になるまで、3 4と同じことを3〜4回くり返します。

水気を切る

6 米をざるに入れて、しっかり水気を切ります。

水かげんをする

7 すいはんきの内がまに米を入れて、手で表面を平らにします。2合の目もりまで、水を入れます。

8 計りょうスプーンで水のりょうを調せつして、目もりぴったりに合わせます。米を水につけたまま30分い上おいて、スイッチを入れます。

たけたらまぜる

9 たけたらしゃもじで大きくまぜて、空気をふくませます。

もりつけも したよ！

10 ごはん茶わんに少しずつ、ふっくらともりつけます。

りょう理 ★ 家族にも作ってあげよう!

ひとりあそび

集中力 / 器用さ / 生活力

たまごをやいてみよう

朝ごはんのたまごやき、どうやって作るのかな？
たまごを使ったりょう理を、ふたつレッスンしてみよう！
火かげんなど、わからない言葉は、大人に聞いてから始めてね。

まずは、たまごのわり方をおぼえよう！

1 平らなところで、たまごをトントンと軽く打ちつけて、ひびを入れます。

2 ボウルの上で、ひびに両手の親指を当てます。

3 からを左右に開くようにしてわって、中身をボウルにそっと落とします。

大人の方へ
火や油を使うので、危険がないよう、必ず子どもから目を離さないでください。

目玉やき

かんたん！ 😊😊😊

作れたらシールをはろう！

●ざいりょう
- たまご 1コ
- サラダ油 小さじ1/2（半分）
- しお 少々

1 たまごをわって、ボウルに入れます。フライパンに油を中火で温め、たまごをそっと入れます。

2 ふたをして弱火にし、2〜3分やきます。お皿にもってしおをふり、あれば野さいものせます。

スクランブルエッグ

がんばれ！ 😊😊😊

作れたらシールをはろう！

●ざいりょう
- たまご 1コ
- 牛にゅう 大さじ1
- しお、こしょう それぞれ少々
- バター 5グラム

1 たまごをわって、ボウルに入れます。おはしの先をボウルの底につけながら、たまごをときほぐします。

2 牛にゅう、しお、こしょうを入れて、よくまぜます。

3 フライパンを中火で温めて、バターをとかします。2を流し入れて、弱火にします。

4 たまごを10秒くらい大きくまぜて、火を止めます。お皿にもって、ケチャップなどすきなものをかけ、あればパンものせます。

ひとりあそび さつえい ★ カメラを使ってあそぼう！

トリックフォト

みんなが「あっ！」とおどろくおもしろ写真をとってみない？うまくとれたら今度はカメラマンをふやして、さつえい大会スタート！

かんたん！

大人の方へ
一般的なカメラだけでなく、カメラ機能つきのスマートフォンや帯電話は身近にあるので、気軽にあそべます。カメラ固有の機ではなく、撮り方を工夫して表現力豊かな写真を撮りましょう。

遠近ほう
カメラをのぞいてみて、とりたいものからはなれたり、近づいたりしてみましょう。この"遠近ほう"を使えば、ふしぎで楽しい写真がとれます。

かわいいでしょ♡

助けて〜

きょ人の大きな手でつまんじゃおう！
遠近ほうを使えば、きょ人のトリックフォトもかんたんにとれます。カメラの前にかざした手で、とられる人をつまむようにして。手にのせたり、にぎってみるのもおすすめ。

おっきくなっちゃった!!

スイカのドレスを着てフルーツフォト！
スイカをカメラの前にかざして、とられる人の洋服に見立てましょう。ドレスのようにカットしたり、他のフルーツでやってみても。

サイズを間ちがえたかも!?きょ人のくつにびっくり
とられる人をイスやソファにすわらせて、カメラの前にくつをおくと、遠近法で大きなくつに見えます。おどろいている表じょうをしてみて。

ジャンプ

ジャンプをするだけなのに、コツをつかめば、おもしろ写真がとれちゃいます。たくさんのまい数をとって、ベストショットをえらんで。

とばされる〜

空高くとばされる写真がとれる!
かさを持ってジャンプすれば、まるで空にとんでいくように見えちゃう! 助走をつけてジャンプすると、高くとんでいるように見えます。

えーい!!

相手のパワーでとばされちゃう〜!
ひとりは両手を合わせて、パワーを送る体せいをとって。もうひとりはその場でジャンプ! ふたりのタイミングを合わせるのがポイントです。

かさを使ってま女にへん身★
かさにまたがり、ジャンプ。まるで空を自由にとぶま女のような1まいがとれます。かさをホウキにかえても。

ビュ〜ン♪

回転

上下ぎゃく転のトリックフォト。カメラや写真を回転させることで、平らな場所も坂やがけに見えちゃいます。表じょうをつけると◎。

びっくり!

ゆかとかべが反対!?あべこべの世界に
ひとりはふつうにイスにすわって、もうひとりはゆかをせにしてすわっているように足をかべにつけます。カメラや写真を90度回転させてみて。

落ちるー!!

ろう下があぶないがけに!
とられる人はゆかに横になってかべやドアに手をかけ、カメラや写真を180度回転。おく行きのあるろう下でとると、がけに見えやすくなります。

| ひとり あそび | でんとうあそび ★ 紙ひこうきをおってあそぼう！ |

紙ひこうきゴルフ

かんたん！

● 用意するもの
- おりがみなどの紙
- お皿やフライパン、なべなど

紙ひこうきはとばすだけでも楽しいけれど、ゴルフのようにコースであそぶとちがうおもしろさが♪ 高スコアをねらっちゃおう！

紙ひこうきは、おりがみはもちろん、うら紙やチラシなどでおっても。紙の大きさやあつさ、羽のおり方などでとび方がかわってくるので、いろいろな紙でおってみて。紙ひこうきがおれたら、コースを回ってみましょう。何人かであそぶ場合は、せっちした目ひょう物に何回で入れられるかで勝負し、トータルの回数が少ない方が勝ち。

大人の方へ

道具を使ってあそぶことができる伝統あそびです。道具を使えば使うほど器用さが向上します。伝統あそびのほとんどは全国に知られており、それぞれのローカルルールが存在します。ここで紹介する伝統あそびは基本的なあそび方なので、ローカルルールがあったらそれに従ってあそんでもかまいませんし、自分たちで新しいルールを作ってもかまいません。

目ひょう物を目がけてとばして

家の中に紙ひこうきをとばして入れる目ひょうを用意して、9ホール（いくつでもオーケー）をもうけます。1番ホールはげんかんからろう下、次はろう下からリビングへと、そくせきで作ったホールに向け、じゅん番にとばします。

ろう下
ろう下のはしにせん面器をおいて、ロングホールに見立てます。真っすぐに遠くまでとばしましょう。

本だな
本だなにスペースを作り、そこに紙ひこうきをぴったり着地させてみて。想ぞう上にむずかしい！

しょうがい物
ホールの前に本などでしょうがい物をせっち。うまくとびこえさせ、1回で入れられるようにねらって。

ホールになるもの
お皿やおぼん、なべ、フライパン、せん面器、ごみ箱、おかしの空き箱など、何でもホールになります。

おすすめの紙ひこうき へそひこうき

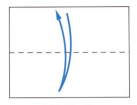

1 長四角の紙を半分におってもどし、おりすじをつけます。

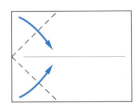

2 おりすじに合わせて上と下を三角におります。

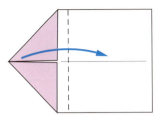

3 左がわを点線のあたりでおります。

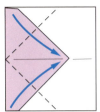

4 左の上と下の角をおりすじに合わせてもう一度、三角におります。

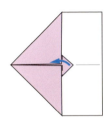

5 小さくとび出ている三角を、おり返します。ここが「おへそ」です。

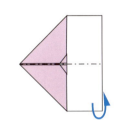

6 真ん中のおりすじで山おりにします。

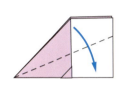

7 手前の羽を谷おりにします。向こうがわの羽も同じようにおります。

でき上がり

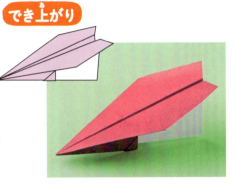

おすすめの紙ひこうき いかひこうき

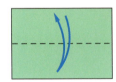

1 長四角の紙の色がついている方を表にします。半分におってもどし、おりすじをつけます。

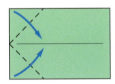

2 おりすじに合わせて上と下を三角におります。

2をおったところ。

3 うら返したら、真ん中のおりすじに合わせて三角におります。〇と◎を合わせるようにおりましょう。

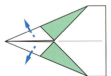

4 うらがわにある三角を開きます。

5 左がわを半分におります。

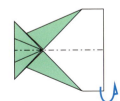

6 真ん中のおりすじで山おりにします。

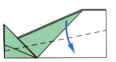

7 手前の羽を点線のあたりで谷おりにします。向こうがわの羽も同じようにします。

でき上がり

※おりがみのきほんは10～11ページを見てね。

でんとうあそび ★ なつかしのあそびをしよう！

ひとりあそび

けん玉

かんたん！

日本では昔から親しまれているあそび道具のひとつ。
なんとワザのしゅるいは1000をこえるとも言われています！
人気のワザをおぼえて、友だちに自まんしちゃおう♪

きほん動作の練習

しょ心者によく見られるのが、玉を真っすぐ上に上げずにふり上げてしまうこと。玉がじっとせい止せず、ずっとゆれていることが原いん。これでは真っすぐ上がりません。また、手を上下ではなく、前後や左右に動かしてしまっていることも問題。玉がふられてしまい、真っすぐ上がりません。

上手になるには？

1. ぶら下がった玉に左手をそえ、玉をじっとせい止させる動作をスムーズにできるまでくり返し練習して。

2. 次に玉を下げたまま、けんの方を上下に動かす練習をして。このとき、意しきは玉ではなく、けんに持っていきましょう。

3. 2の上下運動に足の動作をつけくわえて。けんを下げるときにゆっくりひざを曲げ、けんを上げるときにひざをのばす動作を練習して。

4. 1～3の動作がスムーズにできるようになると、ひざをのばすときに少しいきおいをつけるだけでも、玉は自ぜんと真っすぐ上にとび上がるようになります。

【 パーツの名前 】

- けん先
- けん
- 小皿
- 大皿
- けんじく
- すべり止め
- 玉
- 中皿（えんとつ）

シューン!!!

玉が真っすぐ上に上がるようになったら「大皿」にちょうせん！

1 「一」でひざを曲げ、玉を真っすぐに下げて。このとき、けん先は下を向いています。

2 「二」で大きくのび上がり、玉をすい直に引き上げます。このタイミングのとき、大皿をゆっくり上に向けていきます。

3 「三」でひざを軽く曲げ、玉をふわりと大皿で受けます。

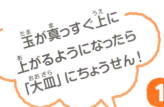

〔 おすすめのワザ 〕

もしもしカメよ

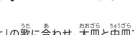

「もしもしカメよ」の歌に合わせ、大皿と中皿で交ごに玉を受けます。うまくなったら、受ける皿をかえてやってみて。

止めケン／ふりケン

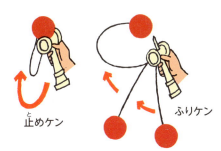

けん先を上に向けたじょうたいで、玉をせい止してから玉を真上に上げて、けん先に玉を入れるのが「止めケン」。同じじょうたいで玉をふってけん先に入れるのが「ふりケン」。

野球

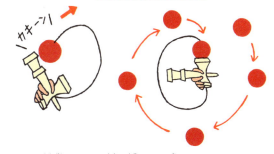

大皿にのせた玉を軽くはね上げ、けんのはら（すべり止めと中皿の間）で打ち、ひと回りさせてから大皿で受けます。

世界一しゅう

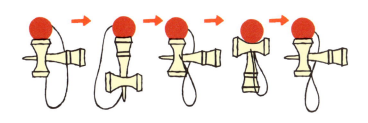

玉をどのじゅん番でもいいので、すべての皿（けん先もふくむ）で受け、元の皿にもどります。

ひこうき

玉を手に持ち、けんをぶら下げたままのじょうたいから、けんをふって玉のあなにけん先を入れます。

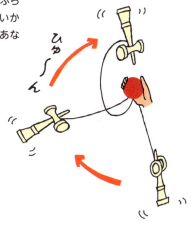

とう台

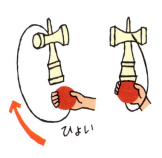

玉を手に持ち、けんをぶら下げたままのじょうたいから、玉の上に中皿をのせます。

| ひとり あそび | さいほう ★ 糸とはりでかんたんなアクセサリーを作ろう！ |

バラのかみかざり

ふつう！　作れたらシールをはろう！

リボンをぐるぐるまいたら、バラになったよ！
お花いっぱいのかみかざり、かわいいでしょ？

● でき上がりサイズ

2センチ × 2センチ

● 用意するもの

長さ20センチ　はば2センチ
● リボン

やわらかいリボンの方が、バラらしい形になりやすいよ

● 手ぬい糸　● ぬいばり　● せっ着ざい

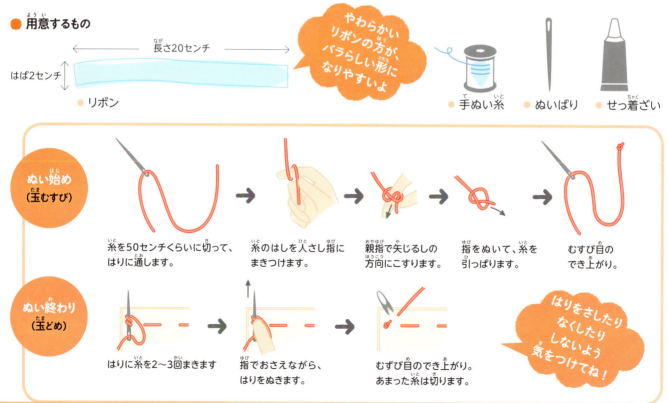

ぬい始め（玉むすび）
- 糸を50センチくらいに切って、はりに通します。
- 糸のはしを人さし指にまきつけます。
- 親指で矢じるしの方向にこすります。
- 指をぬいて、糸を引っぱります。
- むすび目のでき上がり。

ぬい終わり（玉どめ）
- はりに糸を2〜3回まきます
- 指でおさえながら、はりをぬきます。
- むすび目のでき上がり。あまった糸は切ります。

はりをさしたりなくしたりしないよう気をつけてね！

作り方

1 リボンをぬいます

リボンのかた方のはしの真ん中くらいからスタートして、ななめ下に向かってぬいます。

「なみぬい」がかんたん！

2入る　1出る

4入　3出

> **大人の方へ**
> 「1出る」とは、1番目に布の向こう側から手前側に針を出すことで、「2入る」とは、2番目に手前側から向こう側に針を入れることです。3番目以降は、「出る」「入る」を省略して、「3出」「4入」というように表記しています。

2 糸を引きながら、ぐるぐるまきます

下側をぬってとめる。

3 せっ着ざいでつけます

バレッタ　カチューシャ　パッチンどめ

すきな数だけ作って、アクセサリーの台にせっ着ざいでつけます。

> **大人の方へ**
> 接着剤は乾いたあとでかたまりが残るくらいたっぷりつけると、しっかり接着し、バラがとれにくくなります。

| ひとりあそび | さいほう ★ お気に入りのがらの布がブローチに！

大人の方へ
針、安全ピン、布切りばさみの扱い方は、しっかり教えてあげてください。針は作業の最初と最後に本数を数え、なくなっていないことを確認しましょう。

プリントのブローチ

手作りのブローチをつけたら、ティーシャツがぐーんとおしゃれになっちゃった！お友だちに作ってあげてもよろこばれるよ。

ふつう！

作れたらシールをはろう！

● でき上がりサイズ

がらの大きさ

がらの大きさ

● 用意するもの

プリントのぬの

プリントのぬのと同じ大きさのぬの

わた
ぬのの大きさに合わせる

安全ピン

がらの上下左右を1センチずつ開けて切り取ってね

手ぬい糸

ぬいばり

まちばり
4本くらい

ぬのを切るはさみ

せっ着ざい

さいほう

54

作り方

1 ぬのをぬいます

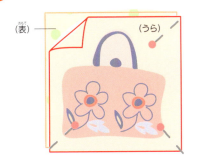

2まいのぬのを、表同し内がわに合わせて、まちばりでとめます。

がらのまわりをぬいます。

3センチくらいのこす

5ミリ

がらにそって5ミリ外を切りぬきます。

2 わたをつめます

表に返してから、わたをつめます。

まきかがり

ぬってとじます。

まきかがりはフェルトによく使う

1出る 2出る

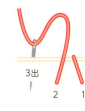
3出る 2 1

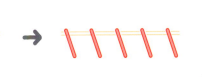

3 安全ピンをつけます

せっ着ざいではる

あまった布を四角く切って、安全ピンをつけます。

（表）　（うら）

安全ピンの代わりにマグネットをつけて、れいぞう庫などにくっつけても楽しい！

さいほう

ひとりあそび ハンカチあそび ★ かんたんで何度でもすぐできる！

ハンカチでリボンとお人形を作ってみよう。
何回でもやり直せるから、しっぱいもこわくない！

できたら
シールを
はろう！

リボン

1 真ん中に合わせて両はしをおる

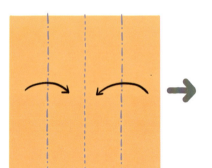

2 矢じるしのように両はしをおる

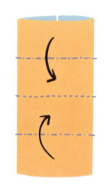

3 ●じるしを左手、×じるしを右手でつまむ

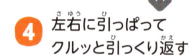

4 左右に引っぱってクルッと引っくり返す

に合っているかな？

お人形

できたら
シールを
はろう！

① ハンカチを両はしから
クルクルまく

② ななめにおる

③ 頭が三角になるように
向こうがわにおる

④ 上のまいた部分を
少し開いて、首の部分を
親指と人さし指ではさむ

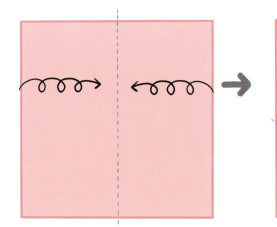
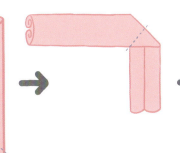
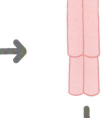

お人形の
でき上がり！

大人の方へ

ハンカチあそびは大人も覚えておくといろいろなシーンで活躍します。たとえば子どもを連れての結婚式など大人の長いスピーチの場。子どもがじっとしているのに飽きてきたときに横でささっとハンカチでリボンやお人形を作ると、「何ができるのかな？」と気分をまぎらわせることができます。ハンカチなので何回でもやり直せるのも利点です。

イラストあそび ★ 記おく力がポイント

絵の記おく

かんたん！

イラストをすみずみまで見て、「何がかいてあった？」というしつ問をクリアしよう。

公園へん 下のイラストを30秒間見て、イラストをかくしてしつ問に答えよう。

せいげん時間 **30**秒

Q1 風船は何色でしたか？

Q2 木には鳥が何羽いましたか？

Q3 犬がくわえていたものは？

Q4 木の下にかくれていた動物は？

Q5 ベンチにすわっていた女の子が持っていたものは？

答えは61ページにあるよ！

室内へん

下のイラストを30秒間見て、イラストをかくしてしつ問に答えよう。

せいげん時間 **30**秒

イラストあそび

Q1 時計のはりは何時を指していましたか？ ....

Q2 カーテンは何色でしたか？ ....

Q3 テーブルの下にかくれていた動物は？ ....

Q4 ケーキにささっていたろうそくは何本？ ....

Q5 お母さんのエプロンのがらは？ ....

答えは61ページにあるよ！

| ひとりあそび | イラストあそび ★ とくちょうをしっかりおぼえておこう！ | 記憶力 観察力 好奇心 |

同じネコをさがそう

できたらシールをはろう！

左のネコと同じネコは下のイラストの中に何びきいますか？

せいげん時間 **20**秒

答えは61ページにあるよ！

答え

絵の記おく

- A1 青
- A2 2羽
- A5 ソフトクリーム
- A4 ネコ
- A3 野球のボール

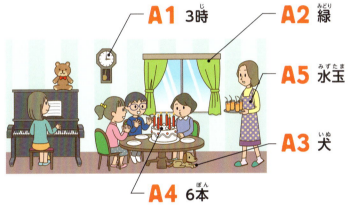

- A1 3時
- A2 緑
- A5 水玉
- A3 犬
- A4 6本

同じネコをさがそう

A 1ぴき

が同じネコ

 大人の方へ
イラストを用いた間違い探しなどは、育脳の一環として大人も楽しみながら行えます。脳の活性化にも役立つといわれており、ぜひいっしょに遊んでください。

| ひとりあそび | シャボン玉 ★ 小さいシャボン玉から大きなシャボン玉までふい |

ストローで作る小さなシャボン玉や
ハンガーをへん形させて作る大きなシャボン玉をふこう！

ふつう！

用意するもの
- ストロー（1〜5本）
- はり金のハンガー
- 毛糸
- 紙コップ
- たらい
- 台所用せんざい
- せんたくのり
- こ形せっけん
- はさみ
- わゴム
- セロテープ

小さいシャボン玉

すいこんじゃダメ

えきを作ろう

紙コップにぬるま湯を入れます。そこに、けずったこ形せっけんを入れてとかします。ストローでためしにふいて、こさを決めましょう。

口をつけるがわ
この部分に切りこみを入れる

1 はさみでストローの先を細く切る

※他の人のめいわくにならないよう、しゅういに注意します。

2 ストローの先にえきをつけてふいてみよう

やってみよう！

何本かわゴムでまとめると、いっぺんにたくさんのシャボン玉が作れるよ。

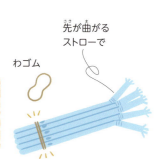
先が曲がるストローで
わゴム

62

てみよう

大きいシャボン玉

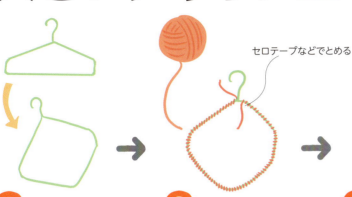

1 はり金のハンガーを図のように広げる

2 広げたハンガーに毛糸をまく（セロテープなどでとめる）

3 たらいのえきに❷をひたして、ゆっくりしずかにふる

えきを作ろう

大きなたらいにぬるま湯か水を入れます。そこに、台所用せんざいとせんたくのりを入れてとかします。

あら、ふしぎ！
両手にえきをつけて、ハート形を作ってふいてみよう。できるシャボン玉は丸くなるはずだよ。

※その日の気温などによってシャボン玉のわれやすさはかわります。

 大人の方へ
●小さいシャボン玉用の液を作る際、固形石けんを削る作業は刃物を使用するため、大人が行うようにしてください。
●小さいシャボン玉を吹く際、息を吸って液を飲み込まないように注意してください。
●大きなシャボン玉用の液を作る際、台所用洗剤と洗濯のりの割合は1対4を目安にして、適正な濃度を試してください。

表現力　思考力　集中力

シャボン玉

63

| ひとり あそび | おりがみ ★ 自分だけの手乗りインコだよ！ | 色彩感覚　器用さ　想像力 |

インコ ふつう！

首から上と下で色が分かれる2色インコだよ。
も様の紙で折ると、とってもきれい。
手乗りインコにだって、なっちゃうよ！

ふろくの目玉シールをはってもいいね！
おれたらシールをはろう！

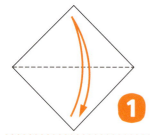
① 三角におって、おりすじをつけます。

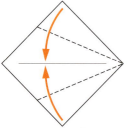
② おりすじに合うように、角をおります。

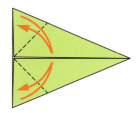
③ 角を向こうがわへおります。

④ 真ん中に向けて角をおり、おりすじをつけます。

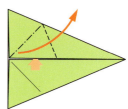
⑤ おりすじのところをつまみ出すようにして⬆から指を入れ、開いてつぶします。

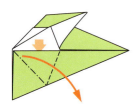
⑥ 下も同じように⬇から指を入れ、開いてつぶします。

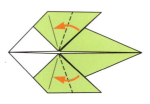
⑦ おりすじに合わせて三角におります。

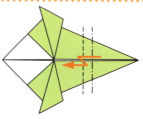
⑧ だんおりをします。

おしゃべりしない？ピィピッピ～♪

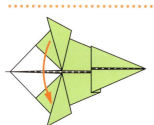
⑨ 全体を半分におります。

⑩ 頭を中わりおりにします。しっぽは、つまんで引き上げます。

でき上がり

| ひとり あそび | おりがみ ★ 丸〜く、かわいくおってね | 色彩感覚 器用さ 想像力 |

ゆきうさぎ

おりがみの「風船」が、うさぎにへ〜ん身！
だから、体がぷくっとしているよ。
雪の中で丸くなっているみたいだね。

おれたら
シールを
はろう！

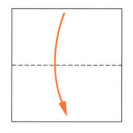

1 半分におります。

2 もう一度、半分におります。

3 ふくろに⬆から指を入れ、矢じるしの方に開いてつぶします。

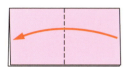

4 3をおったところ。うらも同じに開いてつぶします。

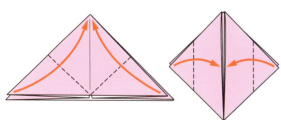

5 角をてっぺんまでおり上げます。うらも同じに。

6 真ん中に向けて角をおります。

7 小さい三角を2回おって、ふくろの中に入れます。

8 7をおったところ。

8 うら返したら、角を向こうがわへおって、間におり入れます。

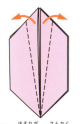

9 細長い三角をおって、耳にします。

10 ⬅から指を入れて耳を広げたら、あなから息をふいてふくらませます。

でき上がり

うさぎの体を白くおりた〜い！

さいしょに、おりがみの色のついた面を上にしており始めてね。体が白くて、耳に色がついたうさぎがおれるよ。

65

※おりがみのきほんは10〜11ページを見てね。

| ひとりあそび | おりがみ ★ 人気のこん虫もかんたんだよ | 想像力 | 器用さ | 色彩感覚 |

せみ　かんたん！

せ中のラインがかっこいいぞ。
ミンミンぜみかな？　あぶらぜみかな？
すきなせみを、たくさんおろう。

おれたらシールをはろう！

ふろくの目玉シールをはってもいいね！

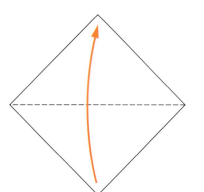

1 三角に半分におります。

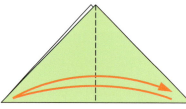

2 もう一度、半分におってもどし、おりすじをつけます。

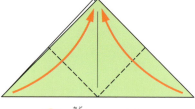

3 角をてっぺんまでおり上げます。

おりがみだから、つかまえるのも楽チン〜！

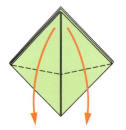

4 3でおった角を、点線のあたりでななめにおり下げます。

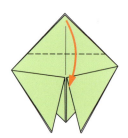

5 手前の1まいだけ、点線のところでおり下げます。

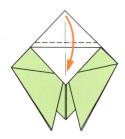

6 2まい目を少しずらしており下げます。

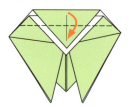

7 2まいいっしょに、点線のところでおり下げます。

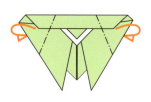

8 両わきを向こうがわへおります。

でき上がり

66

| ひとりあそび | おりがみ ★ 小さなツノがかわいいね | 色彩感覚 器用さ 想像力 |

かたつむり

ふつう！

今にものっそり、のっそり、動き出しそうだよ。
おったら、せ中に
「うずまき」も様をかいてもいいね。

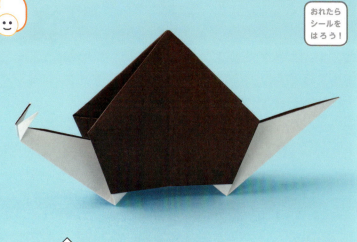

おれたらシールをはろう！

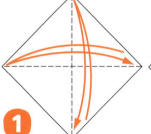

1 三角に2回おって、おりすじを2つつけます。

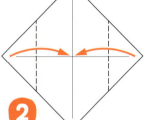

2 真ん中に向けて左右の角をおります。

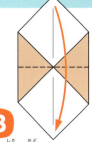

3 上と下の角を合わせております。

4 全体を半分におります。

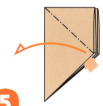

5 手前のふくろに◆から指を入れ、開いてつぶします。

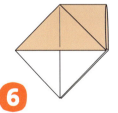

6 5をおったところ。うらも同じに開いてつぶします。

7 おりずらして、おる面をかえます。

8 おりすじに合わせて左右をおります。うらも同じに。

9 おりずらして、おる面をかえます。

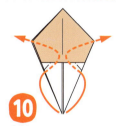

10 左右それぞれ中わりおりにして、下の角をおり上げます。

親子のかたつむり♥

11 はさみで切りこみを入れたら、小さな三角をおり返してツノにします。

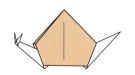

でき上がり

※おりがみのきほんは10〜11ページを見てね。

ひとりあそび　おりがみ ★ 小花が集まって大きな花になるよ

あじさい

あじさいは雨が大すきで、かたつむりともなかよしだよね。小さい紙で小花をたくさんおって、きれいなあじさいをさかせよう！

おれたらシールをはろう！

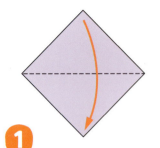

1 色のついた面を表にしており始めます。三角におります。

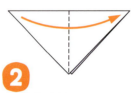

2 もう一度、半分におります。

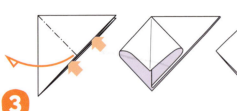

3 ⬆から指を入れて、矢じるしの方へ開いてつぶします。

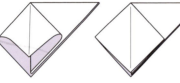

❸をおっているところ。

❸をおったところ。

うらがえす

4 うら返したら、⬆から指を入れて、❸と同じように開いてつぶします。

むきをかえる

5 図の向きにかえたら、おりすじに合わせて三角におります。

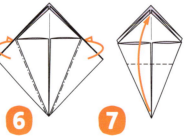

6 うらも同じにおります。

7 下の角をてっぺんまでおり上げます。

8 ⬆から指を入れてギュッとおし、開いてつぶします。

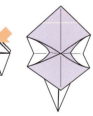

❽を開いているところ。そのまま上からおしつぶします。

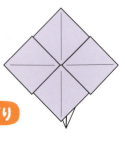

でき上がり

| ひとりあそび | おりがみ ★ ごうかなお花の女王様だよ! | 想像力 | 器用さ | 色彩感覚 |

バラ

花びらの重なった様子がきれいでしょ?
あつくておりにくいところは、
えん筆などでギュッと
おしつぶしながら、おってね。

おれたらシールをはろう!

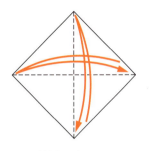

1 三角に2回おって、おりすじを2つつけます。

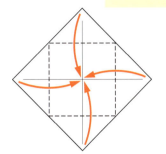

2 真ん中に向けて角をおります。

3 さらに、真ん中に向けて角をおります。

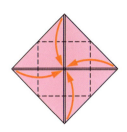

4 もう一度、真ん中に向けて角をおりましょう。

5 今度は、角を向こうがわへおります。

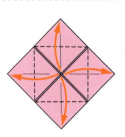

6 真ん中に集まった角を外向きに開きます。花びらをじゅんに開いていく感じです。

7 真ん中に集まった角を、もう一度外へ。

かごや小箱に入れてかざると、すてきだよ〜!

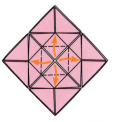

8 さい後にもう一度、角を外へ。

でき上がり

※おりがみのきほんは10〜11ページを見てね。

ひとりあそび 頭の体そう ★ リズムよくサクサクやろう

指間とび

> スピード感が大切

がんばれ！

上手になると、かなりのスピードで行えるあそび。まずはゆっくりと練習することが大切！

左手（きき手と反対の手）のこうを上に向け、十分に開いてつくえの上におきます。そこに右手（きき手）の人さし指を使って、図のように左手の上をとびかうようにします。はじめはむずかしくても、なれてくるとかなりのスピードで行えるようになります。

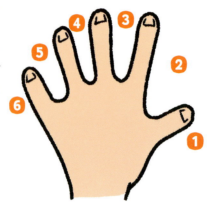

とびじゅん

①→②→①→③→①→④→①→⑤→①→⑥
↓
①←②←①←③←①←④←①←⑤←①

タイムを計ったり、他の人とのひかくでゲーム化しよう。

指の三・三・七びょう子

> 三・三・七びょう子を指と手で行うよ

がんばれ！

しずかな指びょう子から、だんだん大きくなるリズムが楽しいしゅ目です。指同しをしっかり合わせましょう。

左右それぞれの人さし指だけで三・三・七びょう子を行います。次に人さし指と中指で三・三・七びょう子、次に人さし指と中指と薬指、さらに人さし指と中指と薬指と小指で三・三・七びょう子、さい後に手と指全体を使って三・三・七びょう子を行います。指びょう子の音ははじめは小さく、じょじょに大きな音となっていきます。

1本で

2本で

全部で

ひとりでもできますが、たくさんの人数で行っても楽しい。

両手ひとりジャンケン

> なんと！ジャンケンがひとりでできる！

言葉を言いながら行います。「ジャンケンポイ！ ポイ！ ポイ…」のポイでかえます。

つねに右手の方が勝つジャンケンです。まず、右手は「パー→グー→チョキ」のくり返しを、左手は「グー→チョキ→パー」のくり返しを同時に行います。

> 左が勝ちつづけるジャンケンもやってみましょう。この場合は、「パー→グー→チョキ」が左手、「グー→チョキ→パー」が右手となります。

がんばれ！

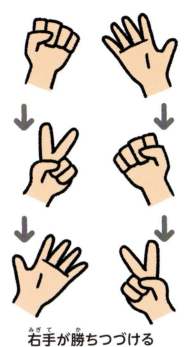
右手が勝ちつづける

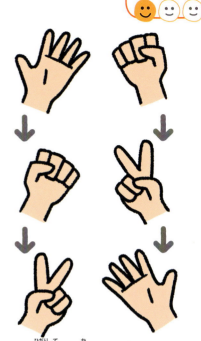
左手が勝ちつづける

ガッタイ

> 目をつぶってやってみよう

身体そく定などにもさい用されているこのしゅ目。イメージと動きのちがいにおどろいてしまうかも!?

両手の人さし指を向かい合わせにかまえて、目をつぶります。顔の前でゆっくりと人さし指を近づけていきます。ピッタリついたらぜっこう調。すれながら通かはふつう。すれないで通かは体調注意。

がんばれ！

右の人さし指と左の人さし指をつけてみよう。

大人の方へ

五感をフル回転させ、集中して行ってみましょう。

ひとりあそび お絵かき ★ 赤・青・緑・黒！ 4色ボールペンで絵をかこう①

〇と△と□でかいてみよう

かんたん！

物を見たら、頭の中で〇と△と□にしてみよう。
いろいろな物が、
かんたんにかけるようになるよ！

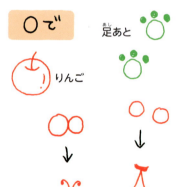

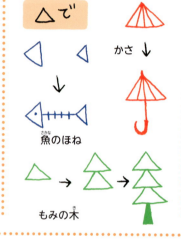

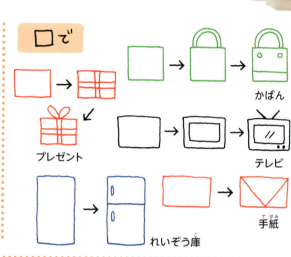

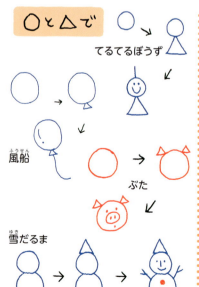

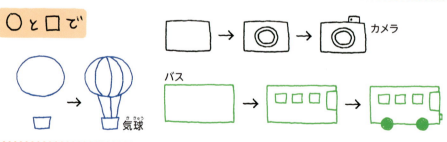

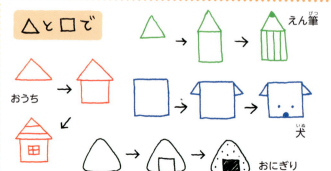

大人の方へ

身近な4色ボールペンで描くイラストです。限られた色の中で、使う色や組み合わせを考えることで、いつものお絵かきと違った体験ができます。そんな体験を通し、何をどう描こう？と試行錯誤する中で、創造力＆想像力が育まれていきます。

動物園の人気者をかこう

ふつう！

動物も、かんたんにかけちゃうよ。
お気に入りの動物はいるかな？

 とら

 さる

 ゴリラ / ぶた

 きりん

 かば

 アルパカ / パンダ / コアラ

 レッサーパンダ

キャラクターっぽくしよう

服を着せたり、ポーズを取らせてかくと、人間みたいなキャラクターになるね。

お絵かき

お絵かきレッスン

ぞう：大人のぞうにするには、耳を大きく、鼻を長くかきます

くま：丸〜くかくと、かわいいくまになるよ

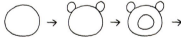
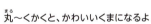

ペンギン：まず体をかいて、その上に羽と顔をかいてね

ライオン：めすライオンはたてがみをつけず、これでオーケー

4色だけで、こんなにいろいろかけるよ

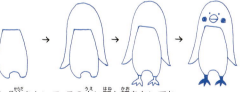 1色 / 2色

 3色 / 4色

色彩感覚　想像力　創造力

73

お絵かき ★ 赤・青・緑・黒！ 4色ボールペンで絵をかこう②

パンやおかしをかこう

大すきなおやつやパン。
おいしそうにかけるかな？

お絵かきレッスン

ケーキ 横から見た絵は、下の四角からかいていこう

ななめ上から見た絵もかけるかな？

ドーナツ 丸を組み合わせて

のせるものをかえてみよう

カップケーキ 上にのっているものからかいていこう

のせるものをかえてみよう

ソフトクリーム コーンの部分を長めの三角にかきましょう

絵をかいてカードを作ってみよう

母の日

父の日

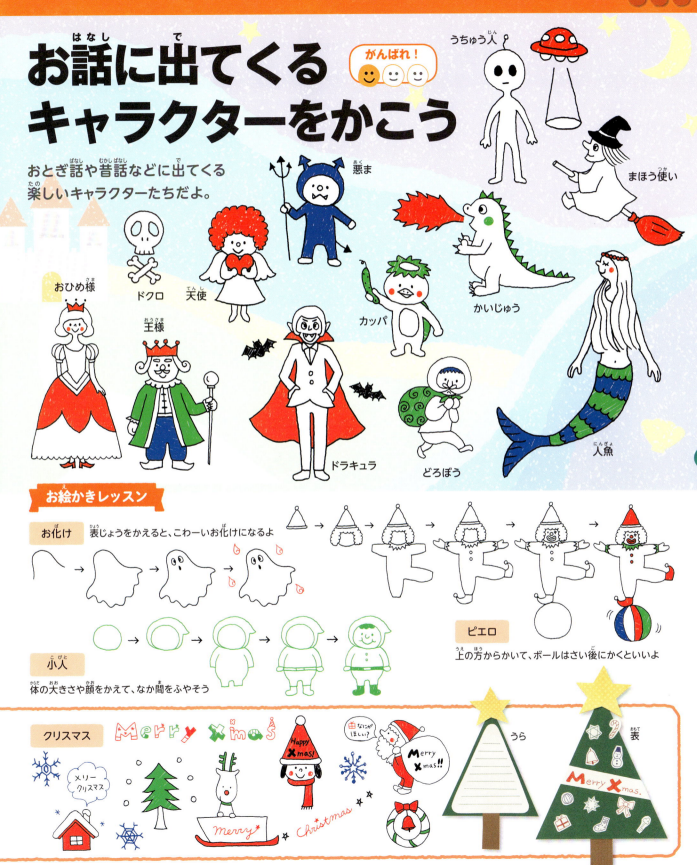

ひとりあそび かげ絵 ★ かげであそぼう!

動物のかげ絵

かべさえあれば、かんたんにできちゃう、かげ絵。
練習して上手にできるようになったら、
友だちを集めてひろうしてみよう。

かんたん!

> **!大人の方へ**
> かげ絵で動物のまねを行うことは、その動物の生態を理解して表現しようとする力を育みます。何の動物のまねなのかを友だちに当ててもらうあそび方も。

きつね

1 「グー」の形を作るようなイメージで、親指とのこりの4本の指の先をくっつけます。

2 人さし指と小指を立てます。親指と中指、薬指の先をくっつけるとき、空間をあけると目ができます。

犬

1 手のひらを内がわに向けて親指をピンと立て、のこりの指はそろえて真っすぐにします。

2 もう一方の手は親指い外の指をそろえて、1の親指のつけ根に引っかけるようにのせます。小指を少し下げて口を作りましょう。

小鳥(ことり)

1 手のひらを内がわに向けたら、親指の第1かんせつを曲げます。

2 1にもう一方の手を重ねます。このとき、親指同しを引っかけます。親指い外の指は真っすぐに。

白鳥(はくちょう)

1 ひじを90度に曲げ、手首を内がわにたおし、親指とのこりの指をくっつけ、きつねの1を作ります。

2 もう一方の手は親指い外の4本の指を合わせ、1のひじの内がわにおき、羽を作ります。

かたつむり

●用意(ようい)するもの ○円形(えんけい)のお皿(さら)

1 「ピース」の形を作り、人さし指と中指はななめ上にのばし、親指は外がわに向けてのばします。

2 もう一方の手でお皿を持ちます。手をお皿のそこに当て、1の手首の前におけば、かんせい。

77

| ひとりあそび | みかんアート ★ 大小のみかんで作れば親子ガメに | 想像力 好奇心 創造力 |

カメ  かんたん！

ちょこっと皮をむいて、顔や手足、しっぽを作るだけ。かんたんだけど、ちゃんとカメに見えるのがすごいね！

作れたらシールをはろう！

大人の方へ
皮をどうむけばどんな形になるのか、想像力や好奇心が刺激されます。「みかんアート」で、創造力が楽しく育まれます。

1 頭、前足の線を入れる

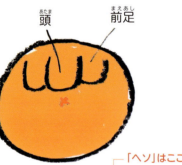

みかんのヘソの上あたりに、「U」の形に切りこみを入れます（頭）。次に、図のように、左右に前足の切りこみを入れます。

「ヘソ」はここ
「ヘタ」と反対がわのてっぺん

2 しっぽ、後ろ足の線を入れる

へその反対がわに、さかさまの「V」の形に切りこみを入れます（しっぽ）。次に、図のように、左右に後ろ足の切りこみを入れます。

3 皮をむいて形を整える

アレンジ

ヘタを上にして、頭、しっぽ、足の切りこみを入れて皮をむくと、「むきガメ」になっちゃうよ！

頭、足、しっぽの皮をむいて広げ、ヘソの方を下にしておきます。

〔 道具 〕

竹ぐし
とがった方は皮に切りこみを入れるときに使い、反対がわのはしは皮をむくときに使います。

毛ぬき
みかんのせんい（白いすじ）を取るときなどに使います。

〔 テクニック 〕

●切りこみを入れる

みかんの実（中身）をできるだけきずつけないように、竹ぐしを皮にさしこみます。皮を少しずつ引っかくようにして、切りこみを入れます。
★みかんを少しずつ回転させながら進めると、切りこみを入れやすくなります。

●皮をむく

切りこみに竹ぐしのとがっていない方のはしをさしこんで、少しずつ持ち上げるようにして、皮と実をはなします。みかんの皮は千切れやすいので、手でむかない方がきれいに作れます。

| ひとりあそび | みかんアート ★ 楽しい作品もかんたんに作れるよ! | 想像力 好奇心 創造力 |

プテラノドン　ふつう!

皮を丁ねいにむいて、大きなくちばしを作ろう。
くちばしの内がわのせんいを引き出すと、
ギザギザの歯みたいになって、はく力が出るよ!

1 頭とくちばしの線を入れる

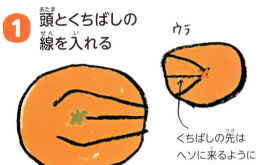

くちばしの先はヘソに来るように

ヘタを目にして、頭、くちばし、くちばしのわれ目の切りこみを入れます。くちばしの先は、ヘソの部分になるようにしましょう。

まどガラスにはると、空をとんでいるみたいだよ!

2 つばさとしっぽの線を入れる

ここらへんがおしりになるよ。

短めの切りこみを上と下に3本ずつ入れます。

ヘソを取りかこむように、くちばしの先の上と下に、図のように切りこみを入れます。

3 皮と実を分ける

皮全体を実からはなし、広げます。

作れたらシールをはろう!

パンツ　かんたん!

うまく作って、お友だちを大わらいさせてみよう!
せんいを引き出すと、フリルみたいに見えるよ。

作れたらシールをはろう!

1 パンツの形に切りこみを入れる

まさにパンツ。

みかんのヘタの横からヘソの横を通るように、ぐるっと1しゅう切りこみを入れます(パンツの上の線)。次に、右下と左下に、丸く切りこみを入れます(パンツの足を入れる部分)。

2 皮と実を分ける

皮全体を実からはなし、いらない部分の皮をはずします。

みかんアート

79

| ひとりあそび | みかんアート ★ 人の形のおもしろアートを作ろう！ | 想像力 | 好奇心 | 創造力 |

目玉おやじ ©水木プロ

おわんのおふろでくつろぐ、目玉おやじ。
みかんの皮をうら返すと、
ちょうどはだ色みたいだね。

がんばれ！

1 目玉と体の線を入れる

1 ヘタを真ん中にして、丸く切りこみを入れます（目玉が出るあな）。

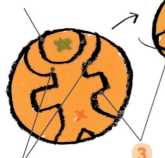

2 指2本分くらいをのこして（首になります）、1の外がわにもうひとつ丸く切りこみを入れます。

3 足のうらになる部分が、みかんの赤道のあたりになるよう、首、手、足の切りこみを入れます。

足のうらが赤道あたりにくるように。

「赤道」はここ
上下の真ん中あたりを、ぐるっと1しゅうした部分

2 目玉と体を合体させる

皮をむいて実からはずします。皮をうら返して、皮をむいた場所にはめこみます。

うらがえす。

作れたらシールをはろう！

おとの様

立ぱなちょんまげのおとの様。
えらい人だから、作ったら、いい場所にかざってあげよう。

ふつう！

1 ちょんまげと体の線を入れる

ちょんまげ
足
手

ちょんまげの切りこみを入れ、次に手足の切りこみを入れます。

ウラ

2 形を整える

ちょんまげの皮をむいて上におり上げます。次に、手足の皮をむいて、下がわに広げます。

おりかえす。

作れたらシールをはろう！

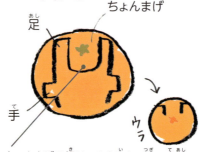

80

第2章

ふたり あそび

ふたりあそび サイコロあそび ★ サイコロを使って頭をきたえる

サイコロ暗算

● 用意するもの
○ サイコロ

サイコロを用意し、ふたり一組になって暗算対決！
2回ふって数字を足してみよう。

足し算 ＋

1コのサイコロをそれぞれが2回ふって、足した数が多い方が勝ち。ひとりが2回ふらずに交ごにふるのがポイント。さいしょに出た数字をちゃんとおぼえておきます。

 1回目
＋ ＋
 2回目 （※: img_7 below img_6, img_12 area）
＝ ＝
6 勝ち 8

なれてきたら
サイコロの数を2コ、3コとふやしてやってみよう。2コいっしょにふったときは合計の数字をおぼえて、次にふったときの合計の数字を暗算しよう。ふる回数を3回、4回とふやしていくのもいいよ。

サイコロあそび

引き算

1コのサイコロをそれぞれが2回ふって、大きい数から小さい数を引いて、数字が大きい方が勝ち。

  1回目

 2回目

（大きい方）（小さい方）　　　（大きい方）（小さい方）
4 ー 3 ＝ 1　　　6 ー 2 ＝ 4

勝ち

かけ算

1コのサイコロをそれぞれが2回ふって、さいしょに出た数と後に出た数をかけ算して、数字が大きい方が勝ち。

  1回目

× ×

 2回目

＝ ＝

18　勝ち　　2

大人の方へ

前頭前野

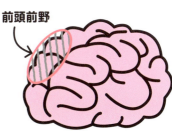

この遊びは育脳法「クボタメソッド」を応用したものです。ひとりが続けて振らずに交互に行うことで、最初に出た数を記憶する必要が生まれます。これによって行動記憶（ワーキングメモリー）の動きを担っている脳の前頭前野の働きが活発になります。ワーキングメモリーは少し前の記憶のことで、行動する上で欠かせないものです。

サイコロあそび

推理力　記憶力　思考力

> ふたりあそび　手あそび★かけ引きが大事!

推理力　観察力　集中力

ジャンケンホイホイ

ふつう！

シンプルだけれど、おくの深い心理ゲーム。
相手の考えを読んで、
しっかりと作せんを立てることが大切！

1 ふたり一組となり、同時に「ジャンケンホイ、ホイ」と言います。1回目のホイのときに右手、2回目のホイのときに左手で、それぞれちがったしゅるいのグー、チョキ、パーを出してください。

「ホイ」と「ホイ」の間をできるだけ短くすると、よりスリルが味わえます。

ジャンケンを出すときは、左右のうでをバッテンにすること。

2 次に「どっち引くの？　こっち引くの！」のかけ声といっしょに、相手の手のしゅるいを見て考え、自分のどちらかの手を引いてください。のこった手のしゅるいで、勝負が決まります。

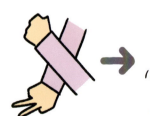

左右どちらの手を引っこめるか作せんを立てる。　　勝負する回数を決めておき、勝ちの多い方を勝者とする。

はじめはゆっくりと行い、少しずつスピードアップしましょう。

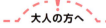

大人の方へ
ふたりで対戦することで、相手をよく見たり、次の一手を予想することにより、さまざまな能力アップが期待できます。

剣と盾ジャンケン

ふたりあそび　手あそび★ジャンケンに負けてもまだチャンス!?

ふつう！

こうげきだけでなく、ふせいだ方も勝てるので、ジャンケンよりも反しゃ神けいが重よう。ケガには十分に注意しよう。

> ぼうで顔をたたいたり、つついたりしないよう事前に注意しておくこと。

● 用意するもの
- 新聞紙
- ティッシュペーパーの箱

1 新聞紙を軽く丸めたものを剣、ティッシュの箱を盾に見立てて使います。新聞紙はゆるめにまかないと、かんたんに盾（箱）がつぶれてしまうので注意。じゅんびができたら、向かい合ってジャンケンをします。

ふたりで向かい合ってすわり、間にぼうと箱をおけば、じゅんびオーケー。

2 ジャンケンに勝った人はすぐに新聞紙のぼうを取り、相手の頭を目がけて面を打ちこみます。負けた人はす早く箱を取って、頭の前にかざしてぼうぎょしましょう。

何回勝負にするか事前に決めておこう。

打ちこんだ人の勝ち　　ぼうぎょした人の勝ち

> 新聞紙の代わりにピコピコハンマーを使うと、コミカルな音についわらってしまったりも。

ふたりあそび 手あそび★スピードで勝負!

ジャンケン手たたき

ふつう!

スピードが大事な、あつい勝負!
もり上がりすぎて強くたたきすぎないように注意!

なれないうちは
ゆっくりした動きで
何度か練習して
みましょう

1 ふたり一組で向かい合い、おたがい左手であく手してください。あく手したまま、おたがいの右手でジャンケンをしましょう。

2 ジャンケンに勝った人は、右手ですばやくあく手している相手の「左手のこう」をたたくことができます。負けた人は、たたかれないように「右手のひら」で自分の手のこうを守ってください。

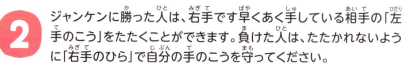

軽く曲げる

うでは軽く曲げておき、どちらかから「さいしょはグー、ジャンケンポン」と言う。

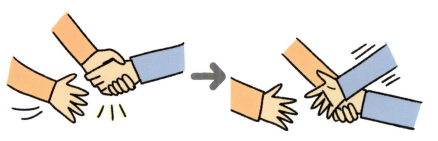

ジャンケンに2回つづけて勝った場合のみ、たたけるルールにかえると、よりもり上がります。

タコとタヌキ

かんたん！

ジャンケン手たたきをおう用したあそびだよ。リーダーの声をよく聞いて！
リズム感も勝つために大切！

1

ふたり一組になり、リーダーが見えるいちにつきましょう。まずふたりでジャンケンをしてください。勝った人が「タコ」役、負けた人が「タヌキ」役となります。おたがい左手であく手をしたところでゲームスタートです。

ふたりで向かい合い、左手であく手しながらジャンケン。

「わたしがタコ役」
「ぼくがタヌキ役だね」

2

リーダーが「タタタタタ……」と言った後、「タコ」と言ったらタコ役の人は相手の左手のこうを右手でたたくことができます。「タヌキ」と言ったら、タヌキ役の人が相手の左手のこうを右手でたたくことができます。たたかれる人は右手のひらでカバーしましょう。いたさがげん少します。

リーダーは何度かやってみた後に「タタタタタ…タワシ！」などとフェイントを入れてみよう。引っかかった人がいると、楽しめます。

フェイントばかりすると、ゲームがたいくつになるので注意しましょう。

タコの勝ち

相手の手をうまくたたけたら勝ち。

タコの負け

相手に右手のひらでカバーされたら負け。

タタタタ…タワシ！

あっ、しまった！

手あそび

瞬発力　協調性　集中力

ふたりあそび あやとり ★ 南の島に生えている木だよ

器用さ　想像力　集中力

ヤシの木

ふつう！

ふたりで作る、オーストラリアのあやとりです。
葉っぱの様子が、本物のヤシの木そっくり！

Aさん、Bさんのふたりで向かい合って始めましょう。
ふたりでとるあやとりは、昔からありました。外国には、3人やもっと多くの人でとるあやとりもあります。

できたらシールをはろう！

1 人さし指のかまえ（13ページ）

Aさんが人さし指のかまえをします。Bさんが向こうがわから●をとります。

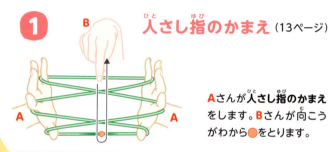

2 Aさんが●の「わ」をはずして、左手の人さし指にかけ直します。

❷をはずしているところ。

かけ直しているところ。

3 ●の「わ」をはずして、右手の人さし指にかけ直します。

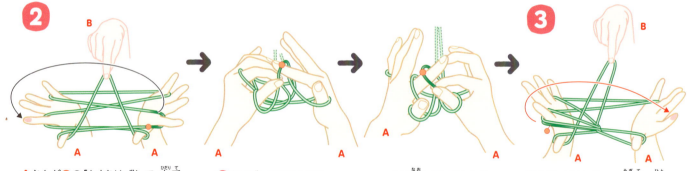

4 ●の「わ」を左手の小指に、○の「わ」を右手の小指に、それぞれかけ直します。

5 Bさんが持っているひもを下に引きます。

でき上がり

「ヤシの木」のでき上がり！

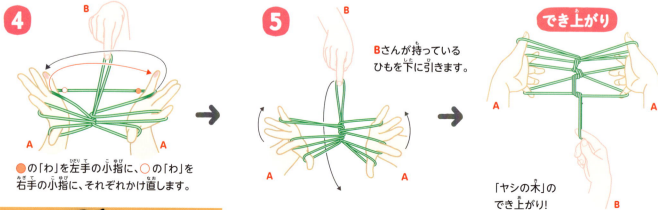

●…とるひも　○…とるひも

88

| ふたりあそび | あやとり ★ お正月の行事を、あやとりでしてみよう | 器用さ 想像力 集中力 |

もちつき

ふつう！

お正月のおもちつき、見たことあるかな？
ふたりで手のひらを合わせて、
ペッタンペッタンなかよくおもちをつこう。

Aさん、Bさんのふたりで向かい合って始めましょう。

1 はじめのかまえ（13ページ）

AさんとBさんでいっしょに、**はじめのかまえ**をします。Aさんが右手の中指のせで、Bさんの●をとります。

1をとっているところ。

2

Bさんが、右手の中指のせで、Aさんの●をとります。

3

Aさんが左手の中指のせで、Bさんの●をとります。Bさんが左手の中指のせで、Aさんの○をとります。

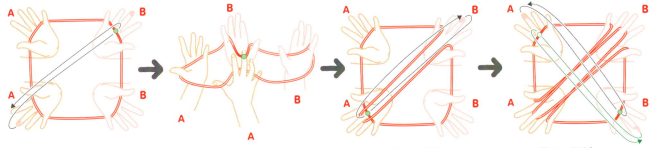

4

ふたりとも中指のひもだけをのこして、◇を全部はずします。

5

右手同し、左手同しを相手にくっつけたり、はなしたりします。

でき上がり

「もちつき」のでき上がり！

相手の手のひらとくっつけたり、はなしたりしてみよう

ペッタン！

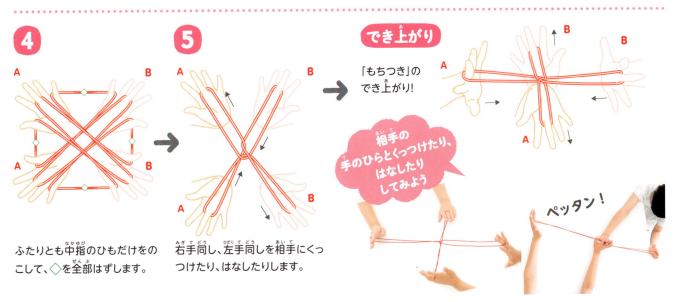

● …とるひも　 ○ …とるひも　 ◇ …はずすひも

※あやとりのきほんは12〜13ページを見てね。

あやとり

ふたりあそび ★ 魚がつかまったりにげたり、ふたりであそぼう

さかなとりあみ

がんばれ！

たくさんの島が集まった
ミクロネシアれんぽうでは
魚とりがさかんです。
その国でできた
楽しいあやとりだよ。

できたら
シールを
はろう！

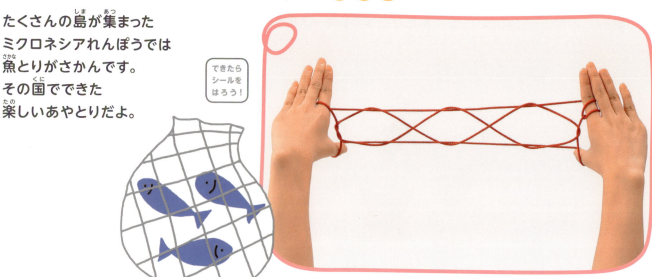

1 人さし指のかまえ （13ページ）

人さし指のかまえをします。
右手のひもを全部はずします。

2

▼に右手を入れて、親指のせで●を、
人さし指のせで○をとります。

3

右手の●の「わ」を小指
にかけ直し、左手の◇を
はずします。

4

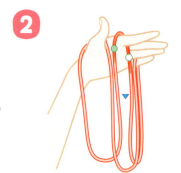

右手の人さし指のせで、●をとります。

5

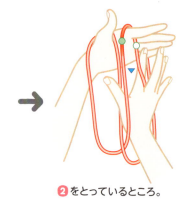

右手の親指のせで●を、左手の親指
のせで○をとります。

◇…はずすひも　▼…上から入れる

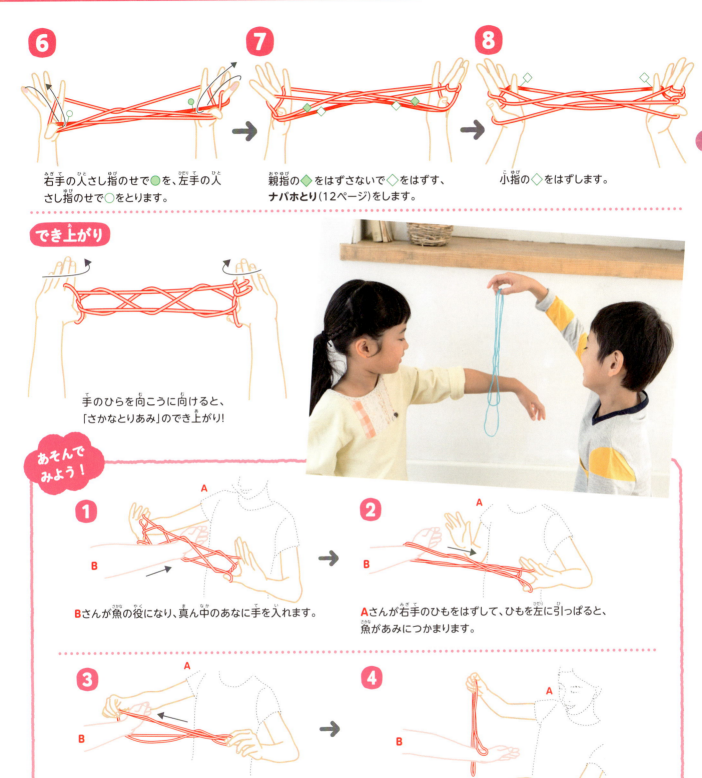

ふたりあそび　歌あそび★ふたりの息を合わせるゲーム

協調性　表現力　リズム感

トントンパー

かんたん！

ふたりの息をピッタリ合わせて歌おう！
うまくいったら、もっとなかよしになれちゃうかも!?

1 まず、ふたり一組になって向かい合いましょう。「ちょうちょう」を歌いながら、歌に合わせてはく手を2回して、相手と両手を合わせる動きをくり返してください。

♪ ちょ〜う
トントン

♪ ちょう
パー

2 なれてきたら、ふたりのうちからリーダーをえらびましょう。リーダーは「トントンパー」の「パー」のときに自由にポーズをすること。もうかた方の人は、それに合わせて同じ動きをしてください。

リーダーの手の位置に合わせる。

リーダーと同じポーズをとる。

曲を「ウサギとカメ」にかえると、自ぜんとテンポアップします。なれてきた子におすすめ。

大人の方へ

ふたりのタイミングを合わせることで協調性を、リズミカルに行うことでリズム感を養いましょう。

| ふたり あそび | 歌あそび ★ たたかれそうな手にスリルまん点 | 協調性 | 表現力 | リズム感 |

もしカメもちつき

かんたん！

つい歌のリズムにつられて、手をはさんでしまいそうになる、スリルのあるゲームです。
勝負をするというよりも、ふたりの息を合わせることを大切にしてあそびましょう。

1 まずはふたりで向かい合ってジャンケンをします。勝った人が左手でうす、右手を軽くにぎってきねをつくります。うすときねでペッタンペッタンをくり返します。返し手の人（負けた人）も、自分の手でペッタンペッタンをくり返します。

2 もしもしカメよカメさんよ……♪の歌に合わせて、ペッタンペッタンをくり返します。負けた人は、たたかれないようにタイミングをとりながら、うすときねの間に右手をさし入れ、もどします。この動きをくり返して、歌い終わったら終しまいです。

♪ もしもしカメよカメさんよ……

左手のうすは、手のひらを上にして動かさないようにしましょう。

手をさし入れる人は、左手のひらを上にして、右手をのせるポーズをたもちましょう。

おもしろくするコツ！
❶でリズム感を十分に練習しておき、❷でいよいよ返し手を入れます。テンポはゆっくりで。

ふたりあそび　歌あそび★かた足を上げていざ勝負！

バランスカッコウ　😊😊😊 かんたん！

バランス感かくが大事な真けん勝負。
ムリしてたおれてしまわないように気をつけよう。

まず勝負のけっかをはん定する「リーダー」と、勝負するふたりの「さんか者」を決めること。さんか者はふたり一組になり、2メートルほどはなれて向かい合いましょう。リーダーは、ふたりが見えるいちについてください。

歌は「**しずかな湖畔**」を使います。曲に合わせておたがい前に4歩進んでください。そして、両手をパッチンと合わせます。それから、また4歩で今度は元の場所にもどり、その場で小さく2回回りましょう。

1
♪ しずかな湖畔の
前に4歩進み、両手をパッチンと合わせる。

2
♪ 森のかげから
また4歩で元の場所にもどる。

3
♪ もう起きちゃいかがと カッコウが鳴く
その場で2回回る。

そして、カッコウのように両手を開いて羽を3回バタつかせるポーズをしてから、両足で前方にジャンプして、かた足着地でバランスを取りましょう。

4
♪ カッコウカッコウカッコウ
両手を3回バタつかせる。

5
♪ カッコウ
前方にジャンプする。

6
♪ カッコウ
かた足で着地する。

7 さて、おたがいにかた足バランスのポーズとなりました。どちらかがバランスをくずして、かた足が動いたり、両足が地面についてしまうと負けになります。どちらも10秒以上バランスを取れた場合は、引き分けとします。

♪静かな湖畔の〜♪

「立っているかた足が動いたらアウト」などリーダーが勝負をはん定します。

ふたりの勝負を見学している人は、「しずかな湖畔の〜♪」と歌ってもり上げてあげましょう。

| ふたりあそび | 運動あそび ★ 力くらべであそぼう! | 集中力 | 瞬発力 | 運動能力 |

ロープ引きくずし

ロープを引き合いながら、相手のバランスをくずすあそび。
ロープをしゅん時にゆるめたり、引っぱったり……。
相手をよ〜くかんさつしながらやってみよう。

かんたん！

● 用意するもの
○ ロープ（直けい1〜2センチのもの）

大人の方へ
相手がいる運動あそびは、勝敗を決めるのに必要な運動能力や瞬発力などが育まれます。道具を使うあそびもあるので、ケガのないように注意してください。

ふたり一組になって、直けいやく60センチの円をかき、その中に立ちます。おたがいがロープをにぎります。相手の力の入れ具合を見ながら、力を入れたり、ゆるめたりして、相手のバランスをくずしましょう。そして、ロープ引きくずしよりちょっぴりむずかしいのが「8の字ロープ引き」。地面やゆかにロープで波を送り、8の字を作ります。8の字ができたしゅん間におたがいにロープを引き合います。自分のじん地から出たら負けです。

〔ロープ引きくずし〕

←60センチ→

〔8の字ロープ引き〕

8の字ができたときに引っぱる

←60センチ→

> ふたりあそび｜運動あそび ★ あなから出たら負けだよ！

思考力／想像力／協調性

新聞紙ずもう

かんたん！ 😊😊😊

●用意するもの
○ 新聞紙
○ はさみ

新聞紙に開けた丸いあな部分にうでや足を入れ、
おたがいに引っぱりましょう。
ビリッと新聞紙がやぶけたら負け〜！

新聞紙を広げ、左右同じ場所にはさみであなを開けます。ふたり一組でイスにすわったら新聞紙のあなの中に頭や足など体の一部を入れて。リーダーの合図で、おたがい思い思いの方向に引っぱりましょう。あながやぶけて、あなの中に入れていた部分があなから出たら負け。リーダーはすもうの行じさんのように「はっけよーい、のこった！」などのかけ声をかけると◎。

あはは♪

これも楽しい！
新聞紙に開けるあなのサイズをかえてみたり、体のいろいろな部分を入れてみよう。あなの大きさや入れる部分によって、ひつような力がかわります。

ふたりあそび　運動あそび ★ ケンケンずもうで「のこったのこった！」

持久力　運動能力　コミュカ

ケンケン追い出しずもう

かんたん！

昔からあるこのあそびは、かくとうぎにたスリルを味わえます！体をぶつけ合うことで、友だちとのかん係もぐんと深まっちゃう♪

● 用意するもの
○ しばの場合はライン引き

半けい1.5〜2メートルの円（土ひょう）をかいて。対せんする人はかた足で立ち、曲げた足の足首を同じがわの手でしっかりつかみます。そのじょうたいでケンケンをしながら、円の中に入っていきます。足首をつかんでいない手で対せん相手をおしたり、引っぱってみましょう。円から出てしまったり、バランスをくずして足首をつかんでいる手がはずれたり、両足が地面についた方が負け。円は小さいほどむずかしくなります。

これも楽しい！

きほんは1対1ですが、チーム対こうでもちがったおもしろさを味わえます。円を大きめにして、5対5などで行って、チャンピオンを決めるのもいいでしょう。

| ふたり あそび | 運動あそび ★ ハイタッチしたら勝負開始！ | 集中力 | 運動能力 | 持久力 |

じん取り

相手と力くらべをしながら、じん地をうばうゲーム。
道のと中で出会ったてきとたたかいましょう。
相手のじん地に早くとう着した方が勝ちです★

● 用意するもの
○ しばの場合は
　ライン引き

ひとりしか通れないはばの道を地面にかいて。その道の両はしにそれぞれのじん地の円をかきます。1チームにつき、メンバーは多くて10人まで。合図と同時に両じん地から道を通ってせめ合いましょう。道で出会った相手とおたがい両手でハイタッチしたら、おしたり、引っぱったりして、相手を道の外に出して。出された人はそこで終りょう。負けた組の次の人はすぐに細い道を通って勝った人に近づき、ハイタッチをすれば、次のたたかいの始まりです。相手のじん地にたどり着いたら勝ちです。メンバー全員が早く相手のじん地にたどり着いた方のチームが勝ち。道でおしたり引いたりするのがむずかしい場合は、じゃんけんで勝負してもオーケー！

運動あそび ★ 足を動かしたら負けだよ！

ふたりあそび / 観察力・推理力・瞬発力

おし合いっこ

かんたん！

「ワン・ツー・スリー」のかけ声で、おし合いっこ。
おしたり、急に力をぬいてみたり、
相手の動きをよく見ながらやってみよう。

ふたり一組になって、おたがいの両手を合わせて。高さはむねのいちにし、うでは真っすぐのばします。相手とのきょりはつま先から30センチを目安に。手を合わせたじょうたいで、「ワン・ツー・スリー」のかけ声でおしたり、引いたりして、どちらかの足が動くまで勝負。足が動いた方が負けです。手を合わせたままではなく、手を出したり引いたりしながら、おし合ってもオーケー。

ワン・ツー・スリー

30センチ

ふたりあそび | **運動あそび** ★ おたがいふんばりが大事!

大根ぬき　かんたん！

足を大根に見立てて、ぬき合うあそびです。
自分の足がぬかれるか、相手の足をぬくか、
ハラハラドキドキが楽しめます♪

大根をぬく感覚で足を持ち上げましょう。1対1でたたかいます。まずは、ひざを曲げてこしをかがめて。このとき、しっかりと地面をふみしめましょう。両手を使い、相手の右足のふくらはぎ、もしくは足首をつかみ、リーダーの「始め」の合図で、相手に足を持たれないようにかわしたり、力いっぱいふんばってみて。先に相手の足のうらを地面からかん全に上げた方が勝ちです。

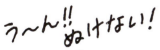

ふたりあそび 運動あそび ★ バランスで勝負しよう！

協調性 運動能力 持久力

スタンドアップ

かんたん！

手をつないで、「せ～の！」のかけ声で
ふたり同時に立ち上がりましょう。バランス感かくと、
タイミングを合わせるのがポイントです。

1 ふたり一組になって、すわって。おしりはゆかにしっかりつけて、ひざは立てます。おたがいの両手をしっかりにぎって。

2 おたがいに引き合いながら、スッと立ちましょう。「せ～の！」と、かけ声をかけるとタイミングが合います。

せ～の!!

ゆかにすわって行うのがむずかしい場合は、イスにすわったじょうたいでもオーケー。4人、8人で行うと、おもしろさアップ！

| ふたりあそび | 運動あそび ★ 負けたらどんどん小さくなる！ |

小さくな〜れ

かんたん！

ジャンケンで負けたら、どんどん小さく！
ちぢんだ体せいをキープするには
バランス感かくが大切です。

ふたりで向かい合い、両足をかたはばの広さに開きます。ジャンケンをして、勝った方は「1、2、3、4、5」と数えながら、手をたたいて。負けた方はその間に、10センチほどかがんで、そのしせいをキープします。ジャンケンをくり返し、どちらかがバランスをくずし、ゆかにおしりがつくまでつづけて。

ジャンケンや数を数えるときは、相手に聞こえるように大きな声で元気よく！ 10センチがわかりにくい場合は、大体の目安でオーケー。

これでもオーケー！

10センチずつかがむのがむずかしければ、ひざタッチ、すねタッチ、かかとタッチ、ゆかタッチ……と、体の部分をタッチしていっても。

| ひざ | すね | ゆか |

| ふたり あそび | 手品 ★ 水を入れるとコインが見えた！ | 表現力 観察力 思考力 |

だんだん見えてくる10円玉

かんたん！

おわんのふちにかくれて見えていなかった10円玉が、おわんに水を入れていくと、少しずつ見えてくるからふしぎ！

できたらシールをはろう！

● 用意するもの
- 10円玉
- おわん
- セロハンテープ
- 水（ペットボトルなどに入れる）

「フキダシに入っている言葉は、手品をする人が言うセリフだよ」

1　「おわんのそこに10円玉をはりつけます」
10円玉のうらに、丸めたセロハンテープをはりつけます。

2　おわんのそこの真ん中に、10円玉をはりつけます。

ポイント
10円玉がおわんにしっかりくっついて動かなくなっていることを、相手にたしかめてもらいましょう。

3　「少しずつ頭を下げていって、10円玉が見えなくなったら止まってください」
10円玉がおわんのふちにかくれて見えなくなるところまで、頭を下げていってもらいます。

4　「そのまま、同じところを見ていてくださいね」
10円玉が見えなくなったところで止まってもらいます。

5　「水を入れます。10円玉が見えてきますよ」
おわんに水を入れていくと、だんだん10円玉が水にうかぶように見えてきます。

？ どうなってるの？

目で物が見えるのは、目が光をキャッチしているからです。その光は、ふつうは真っすぐ進むのですが、水の表面を通るときは、少し曲がってしまいます。だから、おわんに水を入れると、10円玉が見えてくるのです。

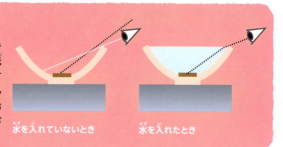

水を入れていないとき　　水を入れたとき

ふたりあそび 手品 ★ 薬指だけ動かなくてドッキリ！

思考力 観察力 表現力

ひとつだけ落とせない10円玉

かんたん！

● 用意するもの
　10円玉 4まい

どんなに動かそうと思っても、自分の指を動かせなくなります。まほう？　金しばり!?
いえいえ、それが体の仕組みなんです。

できたらシールをはろう！

> この4まいの10円玉を両手の指ではさんでください。中指にははさまなくていいですよ

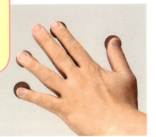

1 相手に、両手の中指い外の4本の指で、10円玉を1まいずつはさんでもらいます。

> 中指だけ曲げてください

2 両手の中指だけを、上の写真のように、内がわに曲げてもらいます。

ポイント
ここまでは手品のじゅんびです。4まいの10円玉をひとりで指にはさむのは少しむずかしいので、手つだってあげてもオーケーです。

> 親指の間の10円玉だけ落としてください

3 親指ではさんだ10円玉を落としてもらいます。

> 人さし指の間の10円玉だけ落としてください

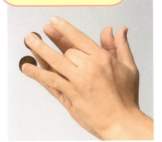

4 人さし指ではさんだ10円玉を落としてもらいます。

> 小指の間の10円玉だけ落としてください

5 小指ではさんだ10円玉を落としてもらいます。

> さい後に、薬指の間の10円玉を落としてください

6 10円玉を落とそうと思っても、薬指を開くことはできないはず。

？ どうなってるの？
中指と薬指は、おたがいのきん肉のむすびつきが強く、いっしょに動きやすくなっています。だから、中指が開かないような形で手を合わせると、薬指も開かなくなってしまうのです。

● 手品はタネを理解しようとすることで、思考力や観察力が育まれます。また、手品をおもしろく演じようと工夫することは、表現力を鍛えることにつながります。

！ 大人の方へ
● 本書で紹介する手品には、科学の理論がもとになった手品が含まれています。子どもがその仕組みを理解できなければ現象だけ楽しんでもいいですし、「どうして？」と聞かれたら、その理論をわかりやすく説明したり、「なぜ？」をいっしょに考えてあげてください。

| ふたりあそび | 手品 ★ コインの入ったコップがわかっちゃう | 表現力 観察力 思考力 |

見える見える!

どのコップにコインが入っているか、なぜか、君には見えてしまいます。
きっと相手はびっくりするよ!

かんたん!

できたらシールをはろう!

● 用意するもの
・紙コップ 3コ
・コイン 1まい

紙コップが3コとコインが1まいあります

1 紙コップとコインをテーブルにならべます。

これから後ろを向いて、コップが見えないようにします

2 セリフを言いながら、後ろを向きます。

かくしたよ

紙コップのどれかにコインをかくして、かくし終わったら教えてください

3 相手がかくし終わるまで、後ろを向いていましょう。

では、どこにかくしたか当てますよ

見える見える!

4 テーブルの方に向き直ります。コップにはさわらず、中がすけて見えているようなふりをしましょう。

この中ですね

5 コインが入っている紙コップを指さしましょう。

ほら、ありました!

6 紙コップを持ち上げて、コインを見せます。

? どうなってるの?

紙コップには、たて向きの紙のつぎ目(はり合わせたところ)があります。紙コップをならべるとき、このつぎ目の線が自分から見て真ん中になるようにおいて、自分にだけわかる目じるしにします。それを知らない人が持ち上げてからもどすと、紙コップは動いてしまうので、線の向きがかわっている紙コップをさがせば、その中にコインが入っていることがわかります。

❶のときのコップ
3コとも、つぎ目が自分から見て真ん中にそろっています。

コインをかくしたコップ
相手が動かしたコップだけ、つぎ目の場所がずれています。

| ふたり あそび | 手品 ★ 相手をびっくりさせちゃおう! | 表現力 観察力 思考力 |

字がさかさまになっちゃった

ちゃんと書いたつもりなのに、字の向きがさかさまになってしまいます。
自分もいっしょに書いてみてもいいね。

できたらシールをはろう! **かんたん!**

● 用意するもの
- 紙
- ペン

(ノートや小さめのスケッチブックなどが書きやすい)

ポイント
先に「文字がさかさまになる」というタネ明かしをしてから書いてもらうと、がんばって正しい向きになるように書いちゃう人もいるので、字がさかさまになるってことは言わないで書いてもらいましょう。

1 相手に、おでこに紙を当ててもらいます。

（紙をおでこに当ててください）

2 紙に文字を書いてもらいます。こうすると、たいていの人は、左右さかさまの字を書いてしまいます。

（ひらがなの「あ」を書いてください）

! 大人の方へ
この状態で文字を書くと、脳の錯覚で、書いているときの自分の側から見たときに（紙を透かして見た場合に）正しい向きになるように書いてしまうのです。ただ、もともと鏡文字になりやすく、特に左右を注意しながら文字を学んできた左ききの子の中には、この状態でも正しい向きで書ける子もいます。

うかぶペットボトル

できたらシールをはろう! **がんばれ!**

君はちょうのう力者。手にねん力をこめると、ペットボトルがうかんできます。

1 写真のように両手でペットボトルを持ちます。

（ここにペットボトルがあります。これをねん力でうかせてみせましょう）

2 ねん力をこめるふりをして「う〜ん!」とうなりながら、両手を少しずつ開いていきます。

（う〜ん!）（だんだんういてきましたよ）

? どうなってるの?
● さいしょに両手でペットボトルを持っているときに、うらがわのラベルの下に、親指の先をさしこんでおくだけです。

● 親指をラベルにさしこむとき、ゴソゴソやるとバレてしまうので、こっそりさしこめるように練習しておこう!

（ほ〜ら、うかんだよ!）

3 下にあった手を横に持っていって両手をかまえ、ねん力で動かしているふりをしながら、フワフワとゆらします。

> ふたり あそび　**屋外あそび ★ 新聞を使ってあそぼう！**

新聞テープさんぽ

●用意するもの
新聞紙

ふたりで新聞紙を持っておさんぽ♪
強く引っぱると、新聞紙はビリッと切れてしまいます。
おたがいを思い合って、ペースを合わせましょう。

きほんのポーズ

新聞紙は、はば10センチ、長さ1メートルほどのサイズに切ります。ふたり一組になって、その新聞紙の両はしを持ちましょう。強く引っぱると切れてしまうので、軽く持つのが◎。さい後まで切れなかったら、大せいこう！

大人の方へ

ふたり一組で行う屋外あそびは、お互いの協力によって達成するものが多く、協調性、コミュ力を向上させる効果があります。芝生や砂場、運動場、公共の道路などさまざまな場所でできるあそびを紹介していますので、子どもたちに適した場所であそびましょう。

屋外あそび

新聞紙を持ったじょうたいで、園庭や公園を自由に歩き回って。新聞紙が切れずに回れたら、大せいこう！ もし切れてしまったら、ふたたびちょうせんして、ペアを組む友だちと気持ちを合わせましょう。コースをせっ定し、園庭や公園にあるしょうがい物をさけて歩いても。

| ふたり あそび | 屋外あそび ★ 落とさないように！

落とさないコンビ

かんたん！

● 用意するもの
・新聞紙

新聞紙を落とさないようにゴールを目指して。
風の力で新聞紙が体にピタッとくっつくのが
おもしろいゲームです。

ふたり一組になって手をつなぎ、新聞紙をおたがいのむねに当てて。「ヨーイドン」の合図で走り出したら、つないでいた手をはなしましょう。走ると、風あつによって、新聞紙がふたりの体にピッタリくっつきます。そのまま、ゴールを目指して。走っている間は、新聞紙にさわってはいけません。新聞紙が落ちたら、一度止まって、むねに当てるところから始めて。

これもおすすめ
太い赤のフェルトペンで、新聞紙に自分の顔と名前を大きくかいても。だれが走っているのか、これですぐわかるので、もり上がります。

屋外あそび

110

ふたりあそび | 屋外あそび ★ たんけんしてみよう!

ウォークラリー

ふつう！

道やトレードマークのたて物などを目じるしに、コマ図を使って目てき地を目指します。友だちときょう力して、たんけん気分を味わいましょう。

●用意するもの
・コマ図用の紙
・ペンやクレヨン

1 ウォークラリーに出かける前にコマ図（指じ図）をかきます。これは大人にかいてもらうのがおすすめ。コースにもよりますが、20コマくらいで終わるのが理想。実さいに歩いて、どこに何があるか調べてコマ図をかいてもらいましょう。

2 コマ図を持って出発！コマ図の指じ通りに進みます。

3 コマ図には「か題」をかき込むこともかのう。か題にちょうせんしてみましょう。「ここの公園の名前を見つけて」「ここの畑でどんな野さいが作られているか調べなさい」「この家でかっている犬の名前を聞いて」など。

4 引きつづき、ゴールを目指して進みます。道にまよったら、その前にかくにんできたコマ図の場所までもどって、ふたたびスタートしましょう。

車には十分に気をつけましょう。スピードをきそうゲームではないので、走るのは×。また、知らない人についていかないように注意して。

大人の方へ
子どもが迷わないように、コマ図はきめ細かに作って。ヒントをたくさん書き込んであげましょう。また、あまりに遠い目的地はNG。子どもが無理なくたどり着ける距離にして。

ふたりあそび　屋外あそび ★ わゴムを使ってあそぼう！

ピョンピョンランド

かんたん！

● 用意するもの
○ わゴム
○ ペットボトル（1.5リットル）

子どもは、とびはねるのが大すき♪
ペットボトル×わゴムで作った
ハードルをピョンピョンとぼう！

きほんのわゴムハードル

わゴムをつなげて1〜2メートルの長さにしたハードルを用意します。水を入れたペットボトル2本のキャップ部分にそのハードルをかければ、かんせい！　これをいくつか作って、園庭や公園にセッティングして。

こんな感じ！

まず、わゴム2本を用意し、一方をもう一方のわに通し、引っぱります。このくり返しで長くしていって。むすび目がほどけてこなければ、他のつなぎ方でもオーケー。

屋外あそび

きほんは、わゴムハードルを"ピョン"ととびこえるだけ。ふたりでいっせいにとんでも、ひとりずつとび方を発表してもオーケー。コースを決めてとび、タイムを計っても楽しい！

大人の方へ
大人数でいっせいに跳ぶときは、場所の広さと人数を考慮して。子どもは熱中すると周囲が目に入らず、接触することもあるので注意を。

ふたり あそび｜屋外あそび ★ こん虫ハンティング

動物&こん虫ハンティング

森や公園にかくされた動物&こん虫の
カードをさがすあそび。まるで本物の動物&こん虫を
さがしている気分を味わえちゃう！

かんたん！ 😊😊😊

● **用意するもの**
- はがきサイズの紙
- 色ペンやクレヨン
- 動物&こん虫図かん

あそぶ前にすること

図かんをお手本にして、紙に動物&こん虫の絵をかいて。ペンやクレヨンで色をぬると、見た目も楽しい！ カードに「1」「2」「3」と通し番号を書いておけば、回しゅうのときにべんりだよ。

! **大人の方へ**
あまり広すぎる場所では行わず、エリアを限定して。また、カードを何枚発見したかの勝ち負けよりも、まずは"発見する喜び"を子どもに体験させて。学年が上がれば、通し番号を得点として点数を競うゲームも楽しめます。

114

カードをかくす係、さがす係に分かれます。カードをかくす係は森や公園内のすきな場所にかくして。見通しのきかない草の中や石の後ろなどがいいでしょう。せいげん時間を決めて、時間内に何まいのカードを見つけられるかで勝負。せいげん時間がきたら、かくす係とさがす係をチェンジ。見つからなかったカードは、かくした係が回しゅうして。

これもおもしろい！

実さいに森にいそうな動物をかくのはもちろん、自分で考えたオリジナルの生き物や恐竜、妖怪をかいても◎。カードを発見した人はよろこんでくれるはず♪

屋外あそび

| ふたり あそび | 早口言葉 ★ リズミカルに言えるかな？ |

友だちといっしょに早口言葉をやってみよう。
知らなかった言葉を知るチャンスにもなるよ。

がんばれ！

初級編　これはわりとかんたん！

くたくたシャツ100着

かけっこで
コケかけた過去

となりの客は
よく柿食う
客だ

- アンドロメダ座だぞ
- あぶりカルビ
- 映画館経営者の生活設計
- この寿司は少し酢がききすぎた
- 肩たたき機
- 左折車専用車線、右折車が逆走
- 消費支出費
- ブラジル人のミラクルビラ配り
- 老若男女

まじゅつし
まじゅつ修業中

バナナの
謎はまだ
謎なのだぞ

早口言葉のコツ
急いで一気に言うのではなく、口を大きく開けて、意味や言葉で区切ってみよう！（れい：赤／巻紙／青／巻紙／黄／巻紙）

きょう力／Cyber Monkey ヴォイストレーニングクラブ　島村ヴォイストレーナー

大人の方へ
早口言葉は音読による脳への刺激や、滑舌の向上、集中力アップといった効果が期待できます。

早口言葉

116

中級編 かつぜつよくがんばってみよう!

赤巻紙
青巻紙黄巻紙

砂漠で
油売る
アラブの油売り

ブタがブタをぶったら
ぶたれたブタがぶったブタを
ぶったので
ぶったブタとぶたれたブタが
ぶったおれた

- ある日昼ニヒルなあひるヒルにひるんだ
- 赤アロエあめ、青アロエあめ、黄アロエあめ
- この釘は引きぬきにくい釘だ
- 国語熟語述語主語
- 京の生だら　奈良生まながつお
- 社長　支社長　司書室長
- スモモも桃も桃のうち　桃もスモモも桃のうち
- 東京特許許可局許可局長
- 生麦生米生卵
- 右耳にミニニキビ
- 旅客機100機　各客100人

上級編 これが言えたらすごい!

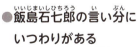

- 飯島石七郎の言い分に
  いつわりがある
- 歌唄いが来て歌唄えと言うが
  歌唄いくらい歌うまければ歌唄うが
  歌唄いくらい歌うまくないので
  歌唄わぬ
- この竹垣に竹立てかけたのは
  竹立てかけたかったから竹立てかけた
- 新進シャンソン歌手総出演
  新春シャンソンショー
- 打者、走者、勝者、走者一掃

信長殿も
信長殿なら
ねね殿も
ねね殿じゃ

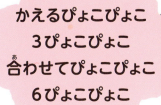

かえるぴょこぴょこ
3ぴょこぴょこ
合わせてぴょこぴょこ
6ぴょこぴょこ

ふたりあそび　手あそび ★ ニュージーランドに住むマオリ族のゲーム

推理力　思考力　集中力

ヒピトゥイトゥイ

ふつう！

かんたんだけれど気づくと白ねつ！
ルールがシンプルなので、
知らない人にもすぐに教えられるよ。

1
指を使ったゲームです。ジャンケンで先こうと後こうを決めてから、自分の両手をにぎり、左右を近づけます。そして、相手と両手を近づけます。

両こぶしを近づけた状態から
ゲームはスタート！

2
おたがいにつけたこぶしの親指を立てるか立てないかで四つのポーズがあります。ゲームではそのうちのひとつを使って勝負します。

 両親指を立てる　　 親指を立てない

 右親指を立てる　　 左親指を立てる

3
親指を立てないポーズから始め、先こうの「ヒピトゥイトゥイ」の言葉と同時に、四つのポーズのうちのどれかを出します。このとき後こうが同じポーズ（かがみにうつっているじょうたい）を出してしまうと先こうの勝ちです。

ヒピトゥイトゥイ

ポーズがちがった場合は交代。

同じポーズを出してしまうと負け。

ヒピトゥイトゥイ

「ヒピトゥイトゥイ」を発するリズムとテンポをいろいろかえてみましょう。

たたかう回数を事前に決めておきましょう。

ジャンケン算数

ふたりあそび 手あそび★計算力もアップ！

観察力 記憶力 思考力

かんたん！

反しゃ神けいとす早い暗算が重ようなゲームなので、あそびを通じて計算力がアップ！

大人の方へ
相手の動きを読んだり、前に出した手を記憶することがポイントとなります。

1 ふたり一組となり、まず両手を使ってジャンケンをします。「さいしょはグー、ジャンケンポン」のかけ声で、左右それぞれの手でジャンケンをしてください。

それぞれ同じしゅるいを出してもいいし、ちがうしゅるいを出してもいい。

2 グー、チョキ、パーには点数があるので、おぼえておくこと。グーは3点、チョキは1点、パーは2点です。はじめはどちらかひとつの手だけの、かんたんルールから始めましょう。

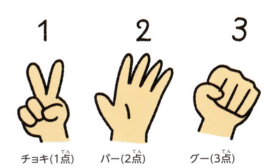

チョキ(1点)　パー(2点)　グー(3点)

3 おたがいが出したグー、チョキ、パーのしゅるいを見て、その合計した数字を早く言った人が勝ちです。先に5回、数字を言い当てた人の勝ちとなります。

この場合、答えは1+3+2+2で8となる。

足し算をかけ算にしてみると、グッとむずかしくなります。

ふたりあそび　手あそび ★ 相しょうピッタリ発見ゲーム

協調性　観察力　コミュ力

こんにちは顔合わせ

かんたん！😊😊😊

おたがいの心を合わせてちょうせんしてみよう。
1回でクリアしたら、ふたりの相しょうはさい高！

1 まずジャンケンをして勝ち負けを決めます。そして、両手を合わせておたがいの顔を見ましょう。ジャンケンに勝った人は、タメをつくりながら「こんにち〜〜〜」と言ってください。

こんにち〜〜〜

顔を手のこうに近づける。

2 そしてタイミングを見計らって、「は！」と言いましょう。そのとき、おたがいに左右どちらかすきな方向に、す早く相手の顔をのぞきこみます。ふたりの顔と顔が出会えばカップルたん生です！

は！
ありゃ、ダメだ

「こんにち〜〜〜」のかけ声は、まわりにいる他の人が言ってもオーケーです。

3 出会わなかった場合は、もう1回ちょうせんしてみましょう。それをくり返します。

やったぁ！
ベストコンビ！

くり返す回数はほどほどにしましょう。

| ふたりあそび | 手あそび ★ ドキドキ手たたきゲーム | 集中力 | 協調性 | 瞬発力 |

ハイイハドン

かんたん！

リーダーのかけ声に合わせて、いつ「ドン」がくるか、ハラハラドキドキする手あそび。何度か練習するとスムーズに行えるよ。

> スピードアップすると、さらにドキドキ感がアップ！

1 まずジャンケンをしましょう。勝った人は自分の右手を前に出します。負けた人はその上に左手を重ねます。次にその上に勝った人の左手を重ね、さらに一番上に負けた人の右手を重ねたらゲームスタートです。

2 リーダーが「ハイ」と言ったら、重ねた手の"一番下"にある手を引き、"一番上"に重ねてください。また「イハ」と言ったら、"一番上"の手を"一番下"に移動させてください。

ハイ
一番下の手を一番上に回す。

イハ
一番上の手を一番下に回す。

3 今度はリーダーがとつぜん「ドン！」と言ったら、そのとき一番下に手がある人が、一番上にある手をたたくことができます。相手はたたかれないように両手を引っこめてにげてください。

ドン！

> リーダーは「ハイ」と「イハ」をおり交ぜて言いましょう。「ドン」はあまりたくさん言わず、いざというときに言うこと。

相手の手をうまくたたけたら勝ち。
間ちがって手を引いてしまったらアウト！

ふたりあそび　手あそび ★ 負けても思わずわらっちゃう!

あっち向けホイ

かんたん！

とても有名なジャンケンあそびです。
「ホイ！」と言うタイミングをずらしたりして勝ちに近づこう。

まずジャンケンをしましょう。勝った人は右手の人さし指を相手の顔に近づけ、「あっち向けホイ！」と言います。「ホイ！」のときに指を上下左右のどこかに動かしましょう。負けた人は「ホイ！」のとき、自分の顔を上下左右のどこかに向けます。人さし指が指す方向に顔を向けてしまったら、指した人が勝ち、顔を向けてしまった人の負けです。

なれるまではゆっくりしたスピードであそびましょう。

人さし指を相手の鼻の前あたりで少し動かすフェイントや、ホイ！のタイミングを考えて。

| ふたりあそび | 手あそび ★ コミカルな天狗になり切ってたたかおう！ | 観察力 記憶力 表現力 |

天狗の鼻ウーヤッ かんたん！

天狗のとくちょうを表した五つのポーズを使い分けて勝負！
勝ったからといって天狗になってはいけないよ。

1 このゲームには五つのポーズがあります。ひとつ目はにぎった手を重ねて鼻の上にのせるポーズ。ふたつ目は重ねた両手をおでこに、三つ目はあご、四つ目は右のほっぺ、五つ目は左のほっぺに当てます。

なれるまで、何度かポーズの練習をしましょう。

五つのポーズ

 鼻の上
 おでこ
 あご
 右のほっぺ
左のほっぺ

2 ジャンケンをして、先こうを決めます。スタートのポーズはおたがいに鼻の上からです。先こうの「ウーヤッ！」のかけ声と同時に、五つのポーズのうちどれかを取ります。後こうが同じポーズを取ったら先こうの勝ちです。

ウー

スタートはおたがいに鼻の上から。

ヤッ！

ちがうポーズが出たらす早く交代します。

おもしろくするコツ！
「ウーヤッ！」のタイミングにへん化をつけると、勝ちやすくなります。

しまった！

ウーヤッ！

同じポーズ（かがみにうつっているじょうたい）を出してしまうと負け。

| ふたり あそび | おりがみ ★ 高くとばしてきょうそうだ！

色彩感覚　器用さ　想像力

ロケット

ふつう！

曲がるストローを下からさしこんでふくと上にとぶよ！上手に息をふきこんで真っすぐ高くとばしてね。

● 用意するもの
○ 曲がるストロー

ふろくのかざりシールをはってもいいね！

おれたらシールをはろう！

1 半分におります。

2 もう一度半分におります。

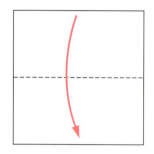

3 ⬆から指を入れ、矢じるしの方へ開いてつぶします。

4 ③をおったところ。うらも③と同じように開いてつぶします。

5 ○のふちが◎のおりすじと合うように、左右を三角におります。うらも同じに。

6 真ん中で合うように左右の角をおります。うらも同じに。

とばしっこゲーム

どっちが一番高くとばせるかな。ふたりできょうそうしよう！

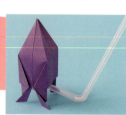

曲がるストローを、下からグッとさしこんでね。

7 下の三角を開くように外がわにおります。うらも同じに。

8 ⬆から指を入れて中を広げます。

でき上がり

| ふたり あそび | おりがみ ★ ボートを早く進めた方が勝ち! |

ウインドボート

ふつう!

おれたら シールを はろう!

三角の「ほ」に風を受けると、
スイーッとすべるように前に進むよ。
風がいっぱい入るように、「ほ」を大きく広げてね。

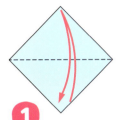
1 半分におってもどし、おりすじをつけます。

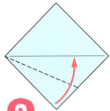
2 おりすじに合わせて下をおり上げます。

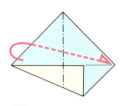
3 左の角が右の角に合うように、向こうがわにおります。

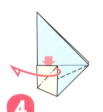
4 ▶に指を入れ、矢じるしの方へ開いてつぶします。

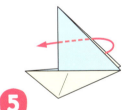
5 うらがわの1まいを左に開きます。

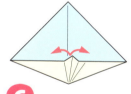
6 まん中のツノを左右におり、立つようにします。

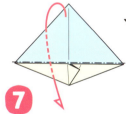
7 おりすじのところで山おりにします。

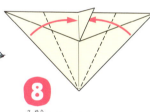
8 左右をよせるようにおります。

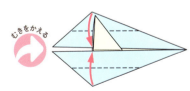
むきをかえる
9 図の向きにかえたら、上下の角をおります。

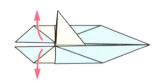
10 中を広げるように両わきを起こします。

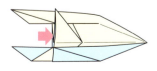
11 ▶から指を入れて「ほ」を広げます。

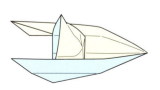
でき上がり

ボート、よ～いドン!

「ほ」の後ろから息をふきかけてね。
どっちが遠くまで進むかな。

フゥーッ!

※おりがみのきほんは10～11ページを見てね。

| ふたりあそび | おりがみ ★ どっちの力が強いかな？ | 色彩感覚 / 器用さ / 想像力 |

おすもうさん

土ひょうにおすもうさんをふたりのせて、対せんしよう！
「はっけよい、のこった！」で、土ひょうをトントンしてね。

● 用意するもの（土ひょう用）
- 空き箱
- 色画用紙

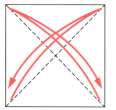
1 ななめに2回おって、おりすじを2つつけます。

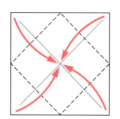
2 4つの角を真ん中に向けております。

3 真ん中で合うように左右を向こうがわへおります。

4 矢じるしの方へ開きます。

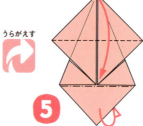
5 うら返したら、それぞれ点線のところでおります。

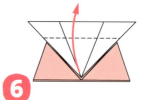
6 点線のところでおり上げます。

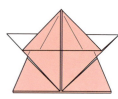
6をおったところ。

はっけよい、のこった！
空き箱を引っくり返して土ひょうを作ろう。
指で土ひょうをトントンたたくと、おすもうさんが動くよ。たおれた方が負けだよ！

土ひょうはこの本の表紙カバーのうらにもあるよ！

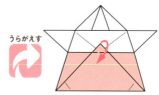
7 うら返したら、とび出たところを小さくおります。

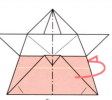
8 向こうがわへ全体を半分におります。

9 外わりおりで「まげ」をおります。

でき上がり

126

| ふたり あそび | おりがみ ★ 持つ場所がかわってびっくり！ | 色彩感覚　器用さ　想像力 |

だましぶね

がんばれ！

ふしぎな手品で
お友だちをびっくりさせちゃおう。
目をつぶっている間に何が起こるのかな？

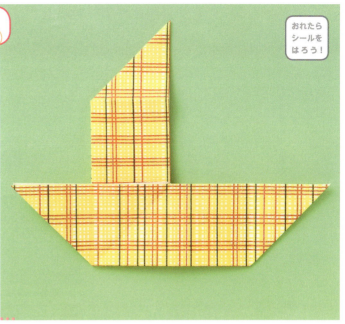

おれたらシールをはろう！

1 おりすじを2つつけます。

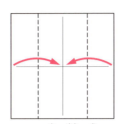

2 真ん中で合うように左右をおります。

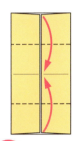

3 おりすじに合わせて上下をおります。

4 ななめにおっておりすじをつけます。

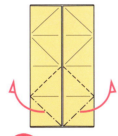

5 開いて図の形までもどしたら、矢じるしの方へ開いてつぶします。

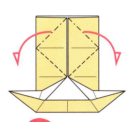

6 5をおっているところ。上も同じように開いてつぶします。

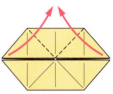

7 上の2つの角をおり上げます。

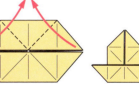

7をおったところ。

うらがえす

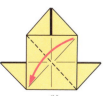

8 うら返したら点線のところでななめにおります。

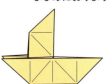

でき上がり

あれあれ？ ふしぎ！

相手に「ほ」の先★を持って
目をつぶってもらってね。
1 だます人が2つの角を
ななめにおり下げると…。

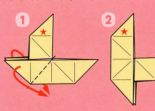

2 あら、ふしぎ！ 目を開けると、なぜか「へ先」を持っているよ。

※おりがみのきほんは10〜11ページを見てね。

| ふたり あそび | でんとうあそび ★ 手を使ってあそぼう！ |

オチャラカ

 かんたん！

ふたり一組になって、向かい合って行うあそび歌。
なれてきたら、ペースを速めたり、
目をつぶると、おもしろさアップ！

大人の方へ

音感、リズム感、思考力などが養われる伝統あそびのほとんどは全国に知られており、それぞれのローカルルールが存在します。ここで紹介する伝統あそびは基本的なあそび方なので、ローカルルールがあったらそれに従って遊んでもかまいませんし、自分たちで新しいルールを作ってもかまいません。

1 ふたり一組になって、おたがいの両手をつないで。「セッセッセーのヨイヨイヨイ」とはやしながら手を上下にふり、ふった手を交さしてまたふりましょう。手をはなして、「オチャラカ オチャラカ オチャラカ ホイ！」のはやし言葉に合わせ、左手のひらを右手のひらでたたき、次に相手の左手のひらを自分の右手のひらでたたきます。これを3回くり返し、さい後に「ホイ！」でジャンケンをしましょう。

（ セッセッセーの ）

上下にふる。

（ ヨイヨイヨイ ）

交さして上下に。

（ オチャ ）

自分の左手をたたく。

（ ラカ ）

相手の左手をたたく。

（ オチャ ）

（ ラカ ）

（ オチャ ）

（ ラカ ）

（ ホイ！ ）

ジャンケンをして！
ジャンケンをする。

2 ジャンケンのけっかによって、「オチャラカ勝ったよ」「オチャラカ負けたよ」と歌いながら、ポーズを取って。

勝った人は両手を上げてバンザイポーズ、負けた人は頭と両手を下げてゴメンナサイポーズを。これをおたがい同時に行います。

アイコの場合はおたがいに両手をこしにそえて、それぞれむねをはったポーズを取ります。

3 それぞれのポーズを取った後、すぐに「オチャラカ ホイ!」をつづけます。

決着はバンザイを3回した人の勝ち、動作を間ちがえた人の負けなど、事前にルールを決めましょう。

なれてきたら、スピードをどんどん上げてみましょう。

ふたりあそび　でんとうあそび ★ 将棋であそぼう！

将棋取り

かんたん！

将棋ばんに高くつまれたこまを指でおさえながら音を立てずに動かすあそび。
ぶ事にばんの外に出せたら、こまゲット〜！

● 用意するもの
- 将棋のこま
- 将棋ばん
- 空き缶

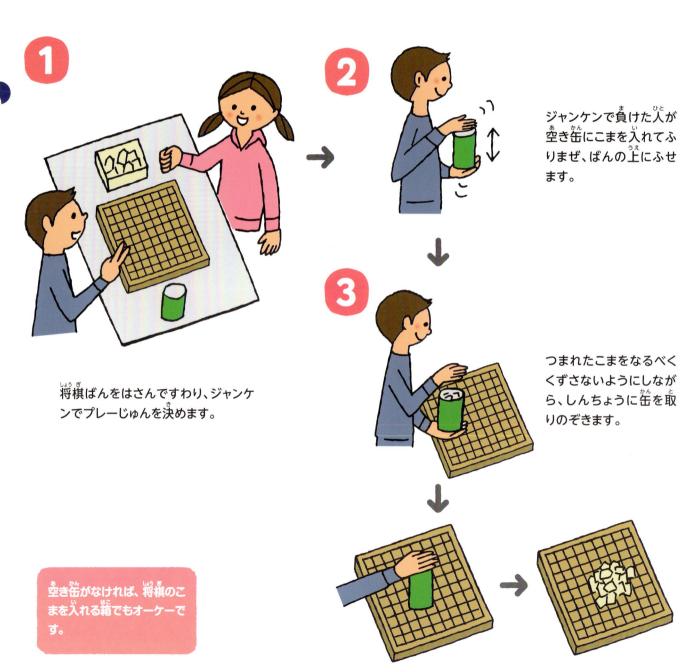

1. 将棋ばんをはさんですわり、ジャンケンでプレーじゅんを決めます。

2. ジャンケンで負けた人が空き缶にこまを入れてふりまぜ、ばんの上にふせます。

3. つまれたこまをなるべくくずさないようにしながら、しんちょうに缶を取りのぞきます。

空き缶がなければ、将棋のこまを入れる箱でもオーケーです。

4

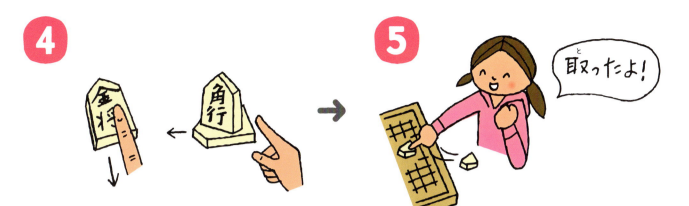

ジャンケンで勝った人は指1本でこまを動かし、音を立てずにばんの上をすべらせましょう。

5

取ったよ！

ばんの外に出せば、そのこまは自分の取り分となります。せいこうした場合は、つづけてプレーできます。

6

ざんねん！交代だよ

パタン

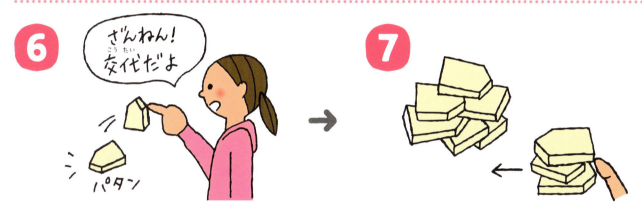

こまの山をくずしたり、パタンとたおしたりして、音をさせたらしっぱい。そのじょうたいのまま交代して。

7

そのままでは取れない高いいちのこまを取るために、自分が取ったこまを出して受け台に使う「つぎこま」はオーケー。ただし、一度出したつぎこまは、ばんの上のこまと同じあつかい。

8

こうして交ごにプレーし、ばんの上のこまがなくなれば、1ゲームが終わり！かくとくしたこまのとく点を合計し、そうとく点の多い人が勝ちとなります。

こまのとく点

王将	10点	銀将	4点
飛車	8点	桂馬	3点
角行	7点	香車	2点
金将	5点	歩兵	1点

ふたりあそび でんとうあそび ★ ゴムであそぼう！

ゴムだんでダンス

● 用意するもの
○ 糸ゴム（3メートルくらい）

ゴムをピョンピョンととびながら、
歌に合わせてステップをふみましょう。
音楽をかければ、楽しさ倍ぞうです♪

1本のゴムをピョンと高とびのようにとびこえるのが「ゴムとび」。わを作って歌に合わせてステップをふむのが「ゴムだん」。ゴムだんは3人で遊ぶのがきほんで、ふたりが足首でゴムをはって「川」を作り、中でひとりがとびます。ふたりのときはゴムの一方をイスのあしにかければオーケー。ゴムのいちはゆかから高さ15センチくらいが◎。

ゴムだんの作り方

長さ3メートルくらいの糸ゴム（または手げい用の平ゴムや丸ゴム）のはしをむすんでわにして。ゴムは手げい店やホームセンターなどで手に入ります。

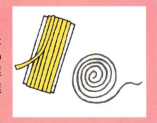

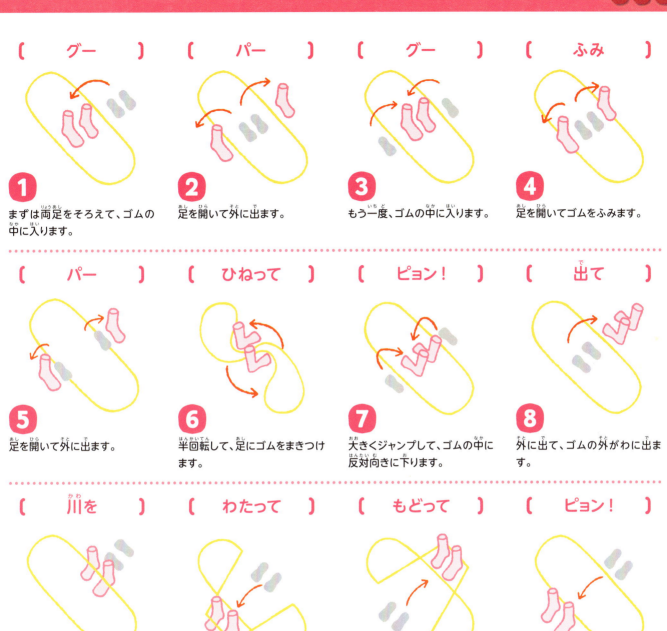

1 〔 グー 〕 まずは両足をそろえて、ゴムの中に入ります。

2 〔 パー 〕 足を開いて外に出ます。

3 〔 グー 〕 もう一度、ゴムの中に入ります。

4 〔 ふみ 〕 足を開いてゴムをふみます。

5 〔 パー 〕 足を開いて外に出ます。

6 〔 ひねって 〕 半回転して、足にゴムをまきつけます。

7 〔 ピョン！ 〕 大きくジャンプして、ゴムの中に反対向きに下ります。

8 〔 出て 〕 外に出て、ゴムの外がわに出ます。

9 〔 川を 〕 手前のゴムの下に足を入れます。

10 〔 わたって 〕 手前のゴムを引っかけ、向こうがわのゴムをとびこえます。

11 〔 もどって 〕 後ろ向きのままとびこえたゴムを後ろに引きます。

12 〔 ピョン！ 〕 目の前のゴムをとびこえたら、終りょう〜！

おもしろくするコツ！

ゴムだんのリズムはポップスにとてもよく合うので、お気に入りの曲を流すのがおすすめ。はじめは1分くらいつづけてみて、なれてきたら、1曲通してチャレンジを。

| ふたりあそび | 手話 ★ 手で話してみよう！ | 社会性 コミュカ 表現力 |

耳の聞こえない人たちは、手で言葉を表します。
この言葉を「手話」と言って、たくさんのしゅるいが使われています。
かんたんな言葉をおぼえてみよう！

あなた / ぼく（わたし）

表じょう
「楽しい」の手話のときには楽しそうな表じょうを、「悲しい」の手話のときには悲しそうな表じょうをした方が、相手には何の手話なのかがつたわりやすくなります。

人さし指で相手を指します。

人さし指で自分を指します。

口・声
手話を見るとき、相手は手の動きといっしょに、口の形も見ることがあります。手話をしながら、その言葉を声に出して言ってください。

手・指
相手がわかりやすいように、はっきり見せましょう。

大人の方へ
●手話は、耳の聞こえない人のことを知るきっかけになります。また、伝えたいと思うことが、コミュニケーション力や表現力アップにもつながります。
●このページのイラストは、右利きの子が鏡合わせにマネできるようになっています。左利きの子は左右逆で行ってもかまいません。

こんにちは　できたらシールをはろう！

「昼」と「あいさつ」という手話を組み合わせると、「こんにちは」になります。

昼

人さし指と中指をそろえてのばして、顔の真ん中に立てます。

↓

あいさつ

両手の人さし指をのばして、向かい合わせにします。

↓

両手の人さし指の先を同時に曲げます。

ありがとう　できたらシールをはろう！

指をのばして、反対の手のこうにのせます。

↓

手を上に上げます。

がんばって！　できたらシールをはろう！

「がんばる」と「おねがい」という手話を組み合わせると、「がんばって！」になります。

がんばる

両手をにぎって、ひじを体の横で曲げて、2回上下させます。

↓

おねがい
顔の前に手を立てて、ななめに下げます。

第3章 みんなあそび

歌あそび ★ みんなの動きがそろうと、かっこいい!

もしカメひざたたき

かんたん!

動きがかんたんな分、みんなの息がピッタリ合うとはく力まん点!
しっかりリズムをとって歌おう!

大人の方へ
大勢で行う歌あそびは、リズム感や一体感を生むためのコミュニケーション能力を育むのに役立ちます。

さんか者は、わになって集まり、円の中心に体を向けてイスにすわりましょう。「ウサギとカメ」の歌に合わせて、ひざをたたく動作をします。「イチニサンシ」の動きに合わせて、ひざをタッチしてください。動作はこの「イチニサンシ」のくり返しです。それでは、歌を歌いながら、それに合わせてあそんでみましょう。

大きな声で歌っちゃおう!

136

協調性　コミュカ　リズム感

1 (イチ)

♪ もし
両手で自分の両ひざをタッチ。

2 (ニ)

♪ もし
左手は左どなりの人の右ひざを、
右手は自分の左ひざをタッチ。

3 (サン)

♪ カメ
ふたたび自分の両ひざをタッチ。

4 (シ)

♪ よ
右手は右どなりの人の左ひざを、
左手は自分の右ひざをタッチ。

曲は「ウサギとカメ」の他に、テンポがはっきりしているものを使うとよいでしょう。

おもしろくするコツ！
なれてきたら、となりの人の両ひざをタッチしにいくパターンや、さらに、ひとりとばした人までタッチするパターンなどを取り入れてみましょう。

歌あそび

137

歌あそび ★ 歌に合わせて気持ちよくたたこう

記憶力　表現力　リズム感

8421かたたたき

リーダーのテンポに合わせてかたをたたく回数が8回、4回、2回、1回と、だんだんへっていくこのしゅ目。たたく回数がへると、ついついテンポアップしがちなので気をつけて。

さんか者はリーダーが見える位置につきましょう。リズムに合わせてかたをたたくあそびです。まず、右手で自分の左かたを8回軽くたたきます。次に左手で右かたを8回たたきます。そして、右手で左かたを4回、今度は左手で右かたを4回たたきます。さらに左かたを2回、右かたを2回たたき、さい後に左かたを1回、右かたを1回たたいた後、まとめにはく手を1回します。では、実さいに歌いながらやってみましょう。歌は「ウサギとカメ」を使います。

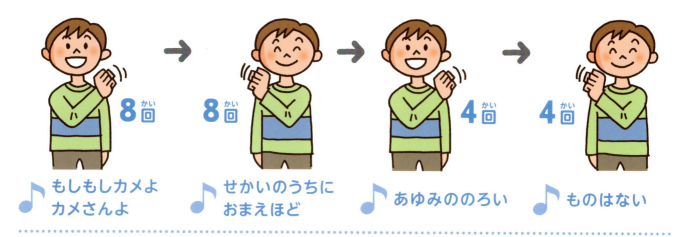

♪もしもしカメよカメさんよ　8回
♪せかいのうちにおまえほど　8回
♪あゆみののろい　4回
♪ものはない　4回

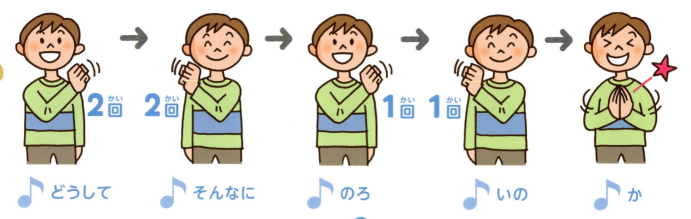

♪どうして　2回
♪そんなに　2回
♪のろ　1回
♪いの　1回
♪か

おもしろくするコツ！
さんか者がわになって、自分の右どなりの人の左かたをたたいてスタートするパターンも、もり上がります。

みんなあそび　歌あそび ★ 動作をきれいに合わせよう

ちょうちょう

ふつう！

自分だけでなく、相手の動きをちゃんと見るのが大切！
中級ができるようになると、見ている方も楽しい動きになるよ。

初級

さんか者はふたり一組となり、リーダーが見える位置につきましょう。初級から始めます。両手を使って自分のひざ、はく手、相手と手合わせをつづけます。なれてきたら「ちょうちょう」の歌に合わせてみましょう。

♪ ちょ　自分のひざをたたく。
♪ う　はく手を1回。
♪ ちょう　相手と両手を合わせる。

中級

次は中級です。今度は4人一組になってわになりましょう。正面の人とペアになって、一方のペア（図のBの組）はさいしょだけひざを2回たたいてからスタートしてください。

Bの組はAの組よりワンテンポおくれて動くことになります。

おもしろくするコツ！

じょじょに曲をテンポアップさせるとおもしろい。むずかしい場合は、「ぞうさん」などの3びょう子の曲に合わせるとかんたんです。

みんなあそび 歌あそび ★ 楽しくおべん当作り

おべん当箱

かんたん！

間ちがえちゃってもオーケー。楽しく行おう。
本当に作っているように見えたなら、おりょう理上手になれるかも!?

1 これからふりをおぼえて、いっしょにおいしいおべん当を作りましょう。
「おべん当箱の歌」に合わせて体を動かします。

1 2
♪ これくらいの
　おべんとばこに
指で四角い形をなぞる。

3
♪ おにぎり
おにぎりをこねる動作。

4
♪ おにぎり
もう一度、おにぎりをこねる動作。

5
♪ ちょいとつめて
おべん当箱におく感じで。

6
♪ きざみしょうがに
右手でしょうがを切る動作。

7
♪ ゴマふりかけて
前に「パーッ」と指を開く。

2 次はおべん当箱に野さいを入れていきましょう。

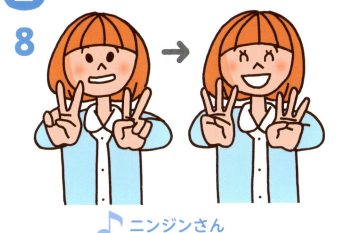

8 ♪ニンジンさん
両手の指を2本から3本にかえる。

9 ♪ゴボウさん
両手の指を5本から3本にかえる。

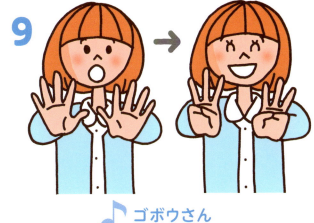

10 ♪あなのあいた レンコンさん
指でわを作り、3本にかえる。

11 ♪スジのとおった
左うでを右手のひらでなでる。

12 ♪フーキ
手のひらに息をふきかける。

「ランチボックス」 英訳／東 正樹

ディス　イズ　ランチボックス
ライスボール　ライスボール　セッティング
チョッパ　ジンジャ　スプレッド　セサミ
キャロット　スリー　バードック　スリー
ホールド　ロータスルート　スリー
ア！　スニードバタバー！

へんてこりん
えい語ばんも
楽しい！

おもしろく
するコツ！

小さな動作で作るアリさんのおべん当箱や、大きな動作で作るゾウさんのおべん当箱などバリエーションをかえてみましょう。

みんなあそび　歌あそび ★ テンポアップにしっかりついていこう

ドレミファドード

記おく力とす早い動きが大事なしゅ目。
テンポが上がるたび、ぐんとむずかしくなるよ。どこまで早くできるかな？

1 「ドレミの歌」に合わせて、それぞれ決まった七つのジェスチャーを行います。まずはこのジェスチャーをしっかりとおぼえましょう。おぼえている人はリーダーとなって、みんなに見本を見せてあげましょう。

七つのジェスチャー

ド 手づなを取るポーズ。

レ おじぎをするポーズ。

ミ 両手を耳に当てる。

ファ 両ひじを曲げる。

ソ 両手を上に上げる。

ラ ラッパをふくポーズ。

シ 「シーッ」としずかにのポーズ。

サッと出るようにおぼえておきましょう。

2 実さいに「ドレミの歌」を歌いながら動いてみましょう。「ドはドーナツのド」など、ドレミファソラシそれぞれの音が歌に出てきますので、す早くそのジェスチャーを行ってください。「さあ歌いましょう」のところだけははく手をしましょう。

なれるまではゆっくりとしたテンポで行いましょう。

間ちがえた人はその場にすわり、さい後までのこった人を勝ちにしてもオーケー。

はらぺこがらす

羽を左右に動かすと、口が開いたり、とじたり。
まるで「おなかがすいたよ」と言っているみたいだね。
おかしをあげて、くわえさせよう！

ふろくの目玉シールをはってもいいね！

ふつう！

おれたらシールをはろう！

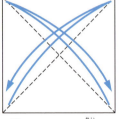

1 ななめに2回おって、おりすじを2つつけます。

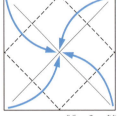

2 4つの角を真ん中に向けております。

2をおったところ。

うらがえす

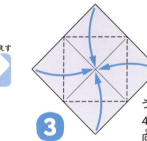

3 うら返したら、4つの角を真ん中に向けております。

3をおったところ。

うらがえす

4 うら返したら、半分におります。

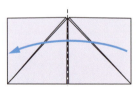

5 もう一度半分におります。

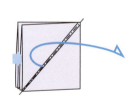

6 ➡から手を入れ、開いてつぶします。うらも同じに。

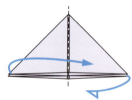

7 おりずらして、星形にします。

おかしパクパクゲーム

おなかがすいたからすに、おかしを食べさせてね。決まった時間の中で、一番たくさんつかめた人の勝ち！

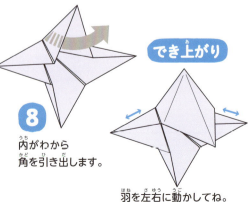

でき上がり

8 内がわから角を引き出します。

羽を左右に動かしてね。

みんなあそび　おりがみ　★ 今日のラッキーアイテムがわかるよ

色彩感覚／器用さ／想像力

ぱくぱく

かんたん！

うらないあそびをやってみよう！
指を下から入れ、たてと横に動かしてぱくぱくさせて、うらなうよ。

● 用意するもの
ペン

ふろくの数字シールをはってもいいね！

おれたらシールをはろう！

はらぺこがらす
（144ページ）の❸までおります。

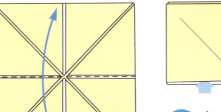

1 おりすじをつけます。

2 半分におります。

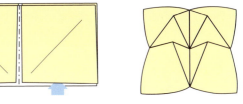

3 4つのふくろに両手の親指と人さし指を下から入れます。

でき上がり

ぱくぱくうらない

1 おり図の❶までおったら、ひとつの三角にひとつずつ数字を書こう。

2 紙をめくって、内がわにすきな絵を8コかいてね。

3 うらなうお友だちの名前を言いながら、たてと横にぱくぱくさせる。止まったところに見える数字からひとつえらんでもらおう。

4 えらんだ数字の内がわの絵が、今日のラッキーアイテムだよ。

※おりがみのきほんは10〜11ページを見てね。

みんなあそび おりがみ ★ てっぽうみたいな大きな音を鳴らそう

かみでっぽう

ふつう！

大きくふりかぶって上からふり下ろすと、
パンッと大きな音がするよ。チラシやつつみ紙で作ろう。
たたみ直して何回も使えるよ。

● 用意するもの
・チラシやつつみ紙

おれたらシールをはろう！

1 長四角の紙を半分におります。

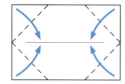
2 4つの角を、おりすじに合わせております。

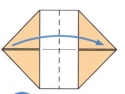
3 半分におります。

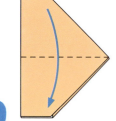
4 今度は、たて半分におります。

5 ▷から指を入れて開いてつぶすようにおります。

6 5をおったところ。うらのふくろも、同じように開いてつぶします。

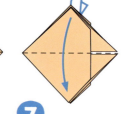
7 手前の1まいを下におります。うらの1まいは向こうがわにおります。

でき上がり

みんなで鳴らそう！

いきおいよくふり下ろしてね。
ふくろが開いて、
大きな音が出るよ。
一番大きな音は、だれのかな？

★のところを持ってあそぼう！

せーの

パンッ！

146

みんなあそび おりがみ ★ 遠くまでジャンプできたら勝ち!

ぴょんぴょんがえる

かえるのおしりがバネになっているよ。
指ではじいて、ジャンプさせよう。
あれ、引っくり返っちゃった!?

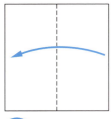

1 半分におります。

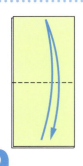

2 おりすじをつけます。

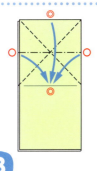

3 点線の通りにおりすじをつけたら、○と○、◎と◎が合うようにおりたたみます。

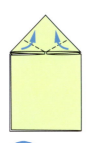

4 手前の三角をおり上げて、前足を作ります。

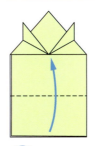

5 点線のところでおり上げます。

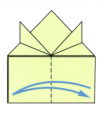

6 下半分だけをおって、おりすじをつけます。

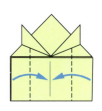

7 おりすじに合わせて左右をおります。

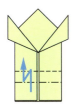

8 図のようにだんおりをします。ここがバネになります。

❽をおったところ。

でき上がり

ジャンプ力くらべ

みんなでかえるのおしりに指をおいて、はじいてみよう!どのかえるが、一番遠くにジャンプできるかな?

※おりがみのきほんは10〜11ページを見てね。

みんなあそび なぞなぞ① ★ いろいろなタイプのなぞなぞにちょうせんしよう

いろいろなタイプのなぞなぞをといていくと、正かいに気づきやすくなるよ！

 ふつう！

とくコツ 1　後ろにある言葉

Q 鳥は鳥でも、空をとべず、ごみを食べてくれる鳥はな〜んだ？

「とり」がつくけれど、本当の鳥じゃない。他にもそのような言葉はいろいろあるよ。

A ちりとり

Q1 鳥は鳥でも、太っていて、スポーツが強い鳥は何？

Q2 パンはパンでも、食べられなくて、台所にあるパンは何？

Q3 かきはかきでも、赤い色をして火事のときに火を消すかきは何？

答えは右ページの下にあるよ！

とくコツ 2　とくちょうをたとえる

Q 大きな入り口と、細い五つの行き止まりがあるものな〜んだ？

いろいろなとくちょうを別のものにたとえてみよう。

A 手ぶくろ

Q4 行きは足で階だんを上り、帰りはおしりで下りる山は何？

Q5 たくさんの茶色の子どもが糸にからまっている食べ物は何？

Q6 1コの赤い目と、20コの黒い目があるものは何？

答えは右ページの下にあるよ！

148

とくコツ 3 さかさにする

Q ワニがさか立ちをしているのはどこ？

さかさに読むと、ちがう言葉になるよ。

A にわ
（さかさに読むとにわ）

Q7 クルミをさかさにすると、ある飲み物になったよ。な〜んだ？

Q8 イルカがさか立ちをしたよ。体重はふえた？へった？

Q9 さかさに読んでもかわらない真っ赤な野さいは何？

答えはこのページの下にあるよ！

とくコツ 4 きょう通のしぐさ

Q ピアノ、かぜ、おみくじにきょう通するしぐさはな〜んだ？

意味はちがっても、同じ言葉が当てはまるしぐさをさがそう。

A 全部「ひく」

Q10 日記、あせ、かゆいところにきょう通するしぐさは何？

Q11 電話、カギ、ふりかけにきょう通するしぐさは何？

Q12 シャッター、大根、荷物にきょう通するしぐさは何？

答えはこのページの下にあるよ！

大人の方へ
言葉遊びや共通点を見い出すことで、ボキャブラリーがふえて表現力がゆたかになります。

A1:すもう（すもうとり） A2:フライパン A3:決め手 A4:きりん以外 A5:貝がら A6:サイコロ A7:ミルク（クルミ） A8:へった（イルカはかるい） A9:トマト（さかさに読んでもトマト） A10:つける（かく） A11:かける（ふる） A12:おろす（ひく）

みんなあそび なぞなぞ② ★もっと多くのなぞなぞをといて「なぞなぞマスター」に

なぞなぞにはたくさんのタイプがあるよ。
自分でなぞなぞが作れるようになったら友だちに出してみよう！

 ふつう！

とくコツ 5 くっつける

Q ぞうが、金色のそうじ道具を持っているよ。な〜んだ？

ふたつの言葉を合わせると、別の言葉になるよ。

A ぞうきん
（ぞう＋きん＝ぞうきん）

Q1 ゾウがふたつ食べた、お正月のりょう理は何？

Q2 パパがきらいなフルーツは何？

Q3 水曜日と火曜日に食べるフルーツは何？

答えは右ページの下にあるよ！

とくコツ 6 文字を取る

Q タヌキがかたたたきをしたら、あるフルーツになったよ。な〜んだ？

ある言葉から文字を取ると、べつの言葉になるよ。どの文字を取るかは「タヌキ」みたいにヒントを出そう。

A かき
（「かたたたき」からタを取ると「かき」）

Q4 タヌキが、たたかったよ。けっかは勝ち・負けどっち？

Q5 温かいタヌキは、どんな色をしている？

Q6 ナイフのふくろは、どんな色をしている？

答えは右ページの下にあるよ！

とくコツ 7 ふたつの意味・ダジャレ

Q カメのせ中にある飲み物はな〜んだ？

同じ言葉にふたつの意味があるよ。にた言葉なら、ダジャレにしちゃおう！

A コーラ
（カメのせ中には「こうら」がある）

Q7 空からふってくる、なめるとあまいおかしは何？

Q8 はっぴを着たら、どんな気持ちになるかな？

Q9 おけを持った人におねがいしたら、何と答えただろう？

答えはこのページの下にあるよ！

とくコツ 8 えらぶ

Q 1から9のうち、ブンブン空をとんでいるのはな〜んだ？

むずかしいなぞなぞは、さいしょにヒントを出して、みんなに気持ちよく答えてもらおう！

A 8（ハチ）

Q10 1時から12時のうち、空にきれいなも様が出たのはいつ？

Q11 5本の指のうち、わらい声のような指はどれ？

Q12 春夏秋冬のうち、さかさにするとおにぎりに入っているのは何？

答えはこのページの下にあるよ！

大人の方へ
さまざまな解き方のコツにふれると、いろいろな角度から物事を考える力が身につきます。

みんなあそび トランプ★だれでも楽しい定番ゲーム!

ババぬき かんたん！

● 用意するもの
・トランプ

ババ＝ジョーカーを1まい交ぜて、ゲームスタート♪
となりの人のカードを引くしゅん間はドキドキです。
さい後にジョーカーを持っていたら、負け〜！

1 親はカードの中にジョーカーを1まい交ぜて、左どなりから時計回りにひとり1まいずつ、カードをうら返して配ります。1まい多く配られる人がいてもオーケー。配られたカードの中に同じ数字か絵ふだがあったら、ペアにして真ん中にすてていきましょう。

大人の方へ

トランプゲームは決められたルールの中で行うあそびなので、誰がどんなカードを持っているのかを考える観察力と推理力や、勝つための道筋を考える思考力が向上します。勝負の駆け引きを学ぶことによって、社会性を養うこともできます。

2

親の左どなりのBさんからスタート。Cさんはカードをおうぎ形に広げ、Bさんにカードを1まい引かせて。カードを引いたら、持っているカードの中に同じ数字か絵ふだのカードがあるかをチェックして。同じものがあったら、ペアにしてすてます。これを時計回りにくり返していって。

3

持っているカードが早くなくなった人が勝ち！勝った人はゲームからぬけます。それい外の人でつづきを行って。ジョーカーは1まいだけなのでペアにならないため、ジョーカーをさい後に持っていた人が負け。

相手の目の動きやカードの持ち方のクセを知ると勝ちやすい！カードを引こうとしたとき、相手がうれしそうな顔をしたり、カードを目立つように持っていたら、そのカードはジョーカーかも!?

七ならべ

「7」のカードをきほんに
前後の数をならべていきます。
持っているカードが早くなくなった人が勝ち！

1

親はカードの中からジョーカーをぬいて、左どなりから時計回りにひとり1まいずつ、カードをうら返して配ります。1まい多く配られる人がいてもオーケー。持っているカードの中に「7」があったら、真ん中に出して、一列にならべます。

2

「◆7」を出した人＝Bさんからゲームスタート。持っているカードの中に7ととなり合う数字「6」か「8」でマークが合うカードがあれば、出します。次の人＝CさんはBさんが出したカードにつづく数字（「5」や「9」など）、または他のマークで7にとなり合う数字のカードを出して。出すカードがない場合は「パス」と言います。パスは3回まで。4回にたっした人はゲームからぬけなくてはいけません。そのときは、持っているカードを、もともとおかれるべき場所に出してオーケー。

3

時計回りにくり返していきます。パスを3回までにおさえた上で、持っているカードが早くなくなった人が勝ち！

> 「7」にとなり合う数字のカードを持っていても、あえて出さずに「パス」と言って、次の人がカードを出せないじょうきょうを作るなんていう作せんもあり！

トランプ★記おく力で勝負！

数字合わせ

かんたん！

●用意するもの
・トランプ

広げたたくさんのカードから
同じ数字か絵ふだのペアを見つけ出しましょう。
どこに何のカードがあったか、記おく力が、勝つ決め手！

1
テーブルの上にカードをうら返して広げます。カードが重ならないようにしましょう。親の左どなり＝Bさんからスタート。

2

2まいのカードを引っくり返します。数字か絵ふだが同じだったら、そのカードは手元に。ちがったら、またカードを元のじょうたいにうら返して。これを時計回りにくり返します。

3

テーブルの上のカードが全てなくなったら、ゲーム終りょう！ そのとき、それぞれが持っているカードのまい数を数え、一番多かった人が勝ち。

自分が引いたカードについてどこに何があったのか一生けん命おぼえる人は多いけれど、他の人が引いたカードについてもしっかりおぼえることが、勝つためのコツ！

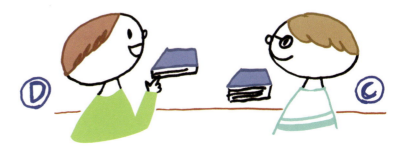

みんなあそび トランプ ★ 他人のうそを見やぶろう！

ダウト

● 用意するもの
　トランプ

まわりにいかにバレないように「ダウト（うそ）」の
カードを出せるかがポイント！
ハラハラドキドキ、心理せんのゲームです。

1

親はカードの中からジョーカーを
ぬいて、左どなりから時計回りに
ひとり1まいずつ、カードをうら返
して配ります。1まい多く配られる
人がいてもオーケー。親の左どな
り＝Bさんからゲームスタート。Bさ
んが「1」と言って、1のカードを出
します。Cさんは「2」と言い、2の
カードを出す、といった具合です。

2

実は口に出した数字と同じカードを出さなくてもオーケー。つまり、うそのカードを出していいということです。そのため、自分の前の人がうそをついているかどうかもチェックして。もし、「うそのカードを出したな」と思ったら、「ダウト」とせん言して、前の人が出したカードをかくにん。うそを見ぬいたら、見ぬかれた人が、前に出ている全てのカードを引き取って。ぎゃくに間ちがったら、見ぬけなかったその人がカードを全て引き取ります。ゲームをさい開するときは、さい後に言った数字のつづきから。

3

時計回りに進めます。13（キング）まで進んだら、1（エース）にもどりましょう。持っているカードが早くなくなった人が1位！　他の人は自分が持っているカードのまい数を数え、少ない人から2位、3位……とじゅん位が決まります。

うそのカードを出すときは、次の人にうそがバレないようにれいせいをよそおいましょう。落ち着きのない様子だと、うそがバレやすくなります。

| みんな あそび | 頭の体そう ★ てきのほりょからヒミツのじょうほうをあばき出そう |

じん問イエスノーゲーム

上手なしつ問ができるかどうかが、ゲームのカギ！
一番早く答えがわかったチームには、しつ問名人がいるかも!?

ふつう！

● 用意するもの
　紙　ペン

1 1チーム8人ほどで5〜10チーム作り、すい理ゲームをします。まずチームの中からひとりずつ「ほりょ役」をえらび、リーダーのところに集合してください。リーダーは、ほりょ役の人にヒミツのじょうほうをひとつ書いた紙を見せます。

ヒミツのじょうほうのひとつ

ふじ山、おまんじゅう、
海、パンダなど

2 ほりょ役の人はどこか「てきのチーム」の中に入ってください。

> **大人の方へ**
> 言葉の使い方や意味を楽しくしっかり覚えるのに適しています。

ほりょ役を中心にわになってすわること。

---

3 今みなさんのチームにいるてきチームのほりょ役が持っている「ヒミツのじょうほう」を、ほりょ役にじん問（しつ問）して、その内ようを聞き出してください。ただし、ほりょ役の人は「イエス」か「ノー」しか言ってはいけません。よいしつ問をしてヒミツをかい明しましょう。わかったチームは、はく手をしてからリーダーに知らせてください。ゲームは半分以上のチームがヒミツをかい明したらおしまいです。

答えはとつぜん出ることもあります。さんか者は「イエス」か「ノー」で答えられるしつ問をして。

答えを言うときは、ほかのチームに聞こえないように小さな声でやりとりしましょう。

> じょうほうをかい明されてしまったほりょ役は、今後そのチームの一員になります。一方、かい明されなかったほりょ役は、自分のチームにもどります。ゲームごとに、ほりょ役をかえて、5回ほど行いましょう。

| みんな あそび | 頭の体そう ★ いつ指名されるかドキドキ！ | 思考力 | 推理力 | 言語力 |

魚鳥木申すか申すか

いつ指名されるかドキドキしすぎて、うまく答えられなかったりすることも。
物知りハカセさんはきっととく意なしゅ目だよ。

1 さんか者はリーダーをかこんでわになってすわり、中心を向きます。
リーダーが「魚鳥木申すか申すか」と言ったら、さんか者は「申す申す」と言ってください。

リーダーは、さんか者の顔を見ながら回ります。

2 リーダーはすきなタイミングで、いきなりひとりを指さして「鳥！」と言います。言われた人は鳥の名前をひとつ言ってください。たとえば「カラス！」と言えたらセーフです。
「魚」だったら魚の名前を、「木」は木のしゅるいをリーダーが10数えるまでに言います。上手に答えられたら、みんなではく手をしましょう。

「声が小さい人を当てちゃおうかな～？」などと言うと、もっともり上がります。

口漢字大会

ふつう！

● 用意するもの
紙　ペン

漢字をいっぱい知っている人は活やくするチャンス！
おもしろ漢字が生まれたら、いっしょに大わらいしちゃおう。

1 漢字を使ったゲームです。
「口」という3画の漢字に2画くわえてべつの漢字を作り、紙に書きましょう。
5～10分でいくつ作れるかきょうそうです！

> リーダーは、いくつかれいをあげておきましょう。

2 終わったら、ひとりひとり発表してもらいます。
1文字につき1ポイントをゲットできます。
ポイントが一番多い人が勝ちです。

大きな紙に大きな字で書いてもらいましょう。

間ちがえて、ふしぎな漢字が生まれてわらってしまうことも。

正かいれい

田兄石白由加甲囚古可右目史号
申台旧旦司四占

みんなあそび　頭の体そう ★ 何のことを言っているのかな？

コミュカ / 推理力 / 想像力

すきですか？ きらいですか？

がんばれ！

想ぞう力がもっとも重ようなしゅ目。
さんか者の反のうをじっくりかんさつして、見えない答えをさがし出そう！

● 用意するもの
○ 紙
○ 色えん筆

1 さんか者全員がリーダーが見えるいちにつき、リーダーはさんか者からひとり、ちょうせん者をえらんで、前に出てもらってください。ちょうせん者には、紙に書かれたものを当ててもらいます。紙に書かれているものを見せることはできませんが、予想してさまざまなしつ問に答えてください。さんか者は、ちょうせん者の答えに対して、はく手でどれくらい当たっているかをしめしてあげます。

2 リーダーは、ちょうせん者には見えないように、他のさんか者には何が書かれているかを見せます。ちょうせん者がイスにすわった後、まずはリーダーからしつ問を開始します。

あなたはこれがすきですか？

リーダー

すき！

ケーキでしょ

さんか者はちょうせん者へのヒントとなるよう、大きなリアクションをとること。

3 ちょうせん者は書かれているものが何なのかわかったとき、手をあげて答えることができます。間ちがえた場合はワンミスとなり、しつ問をつづけます。ツーミスでギブアップとなります。

わかった　正かいはゾウだ！

5分ほどで、しつ問タイムは終わり。ギブアップもあり。

出題れい
初級：りんご、キリン、自動車
中級：おばけ、くじら、イス
上級：東京タワー、そう理大じん、うちゅう

みんなあそび 頭の体そう ★ 上手にしつ問して、正かいをさがそう

好奇心 / 推理力 / コミュ力

わたしは何？

● 用意するもの
　紙　色えん筆

上手にしつ問して、自分が何になっているのかをズバリ当てるのがこのしゅ目。
何回目のしつ問で答えがわかるかな？

1 さんか者の中からちょうせん者をひとり決め、前に出てきてもらいます。

「ここにすわってください」

あなたの後ろには、今あなたが「何」であるかをしめしたイラストがかかれています。これから他のさんか者にしつ問して、あなたが何になっているのかをズバリ当ててください。

2 ちょうせん者はしつ問をします。他のさんか者は、しつ問にはかならず答えてあげましょう。ちょうせん者は回答できる回数を事前に決めておきます。

> しつ問できる回数を事前に決めておくとよいでしょう。

「私は人間ですか？」
「有名人ですか？」
「今、日本にいますか？」
「見たことがありますか？」

3 ちょうせん者は答えがひらめいたら、かい答できます。間ちがえても、つづけてオーケー。リーダーのはんだんで、ゲームのと中で正かいを発表してもいいです。リーダーのゆうどうが大切です。

みんなあそび　手品 ★ 自分もみんなもドッキドキ！

水がこぼれない
ビニールぶくろ

えん筆をさすたびに、
「わー、水がこぼれちゃう！」って
ハラハラ、ドキドキ。
みんなでもり上がれる手品です。

がんばれ！
できたらシールをはろう！

● 用意するもの
- ビニールぶくろ（ポリぶくろ）
- えん筆 5〜6本
- 水

ビニールぶくろに水が入っています

1 水をたっぷり入れたビニールぶくろを、しっかりにぎってぶら下げます。

このふくろに、えん筆をつきさしてみましょう

2 ふくろにえん筆の先を向けます。「水がかかっちゃうかもしれないよ」とおどかしておくと、おもしろいかも。

えいっ！

3 えん筆を半分くらいさしこんだら、手をはなして見せます。

たくさんさしても、水はこぼれません！

4 つづけて何本かさしていきます。1本さすたびに「ふ〜っ」とため息をついたりして、ハラハラさせましょう。

ポイント
- えん筆は、丸いものでも6角形のものでもオーケー。しんの先を、しっかりとがらせておきましょう。
- えん筆をさすときは、思い切って一気につきさしましょう。ゆっくりさすと、しっぱいすることがあります。

ポイント
- 2本めからは、えん筆とえん筆の場所が近くなりすぎないようにさしましょう。近すぎると、水がもれやすくなります。
- ふくろやえん筆のしゅるい、さし方などによって、させる本数はかわるので、先にためしておきましょう。たくさんさしすぎないことも大切です。

大人の方へ
- 袋はポリエチレン製のものを使用してください。ポリエチレンには、熱が加わると分子同士が引っ張り合って縮む性質があるため、鉛筆が刺さる瞬間に発生する摩擦熱でこの現象が起こり、袋が鉛筆に密着します。
- 一般的に「ビニール袋」「ポリ袋」と呼ばれているものの多くはポリエチレン製ですが、なかには素材が異なるものもあります。また、ポリエチレン製でも薄すぎるものは、水圧で穴が広がって水がこぼれてしまいます。子どものポリ袋選びを手伝ってあげてください。

みんなあそび　手品 ★ 10円玉がかくれたり見えたり

思考力　観察力　表現力

うかんで消える10円玉

コップの下においたはずなのに10円玉がういたり消えたり。ふしぎな手品です。

フキダシに入っている言葉は、手品をする人が言うセリフだよ

ふつう！

できたらシールをはろう！

● 用意するもの
- とう明のコップ
- 10円玉
- コースター
- 水（ペットボトルなどに入れる）

「10円玉をよく見ていてくださいね」

1 10円玉の上にコップをおきます。10円玉をコップの中に入れないよう、気をつけて！

「水を入れていきます」

2 ゆっくりと、できるだけ波立たないように、水を入れていきます。

「10円玉がういてきたでしょ？」

3 10円玉が、水面にうかび上がってくるように見えます。

「どう？ 今10円玉はどこにある？」

ういてる！

4 コップのふちぎりぎりより少し下で、水を入れるのをやめます。

ポイント

5のとき、コースターの代わりに手でふたをしても大じょうぶ。10円玉はちゃんと消えます。

「じゃあ、コースターをのっけたら？」

消えた！

5 コースターをコップの上にのせます。

「ほら、10円玉はなくなっていませんよ」

6 さい後にコップをどかして、10円玉が元通りコップの下にあることを見せましょう。

大人の方へ

水とガラスによって光が屈折することで、10円玉が浮かんで見える錯覚と、「透明なものの向こう側にあるものはそのまま見える」という思い込みを利用した手品です。

みんなあそび　手品★小さなあなをビー玉が通りぬける!?

大きくなる5円玉のあな

できたらシールをはろう！

5円玉のあなより、ビー玉の方が大きいよね。
でも、なぜか5円玉のあなを、ビー玉が通りぬけちゃいます。
あなが大きくなったの？

かんたん！

● 用意するもの
- 500ミリリットルのペットボトル
- ラップのしん
- ビー玉
- 5円玉

「これから、ビー玉を5円玉のあなに通してみせますよ」

1 ペットボトルの口の上に5円玉をのせます。

「ビー玉が真っすぐ落ちるように、つつをかぶせます」

「上からビー玉を落とすので、よく見ていてください」

2 つつの中に何もないことを見せてから、つつをかぶせて、ペットボトルといっしょにしっかり持ちます。

「ワン、ツー、スリー！」

3 つつの上からビー玉を落とすと、5円玉にぶつかる音がして、ビー玉がペットボトルの中に落ちてきます。

「ほら、ビー玉が5円玉のあなを通りぬけたでしょ」

4 つつをはずして、5円玉がのったままだということを見せましょう。

大人の方へ
ラップのしんの太さやビー玉の大きさ、重さによっては、うまくいかないことがあります。どの太さや大きさがうまくいくのか、子どもといっしょに試行錯誤してみてください。

? どうなってるの？

つつの中で5円玉がビー玉にぶつかると、ビー玉と5円玉がいっしょにはね上がります。

5円玉は軽いから、ビー玉より高くはね上がり、重いビー玉が先にペットボトルの中に落ちます。
後から落ちてくる5円玉は、ペットボトルの口には入らないので、元のようにのっかります。

みんなあそび　手品 ★ こぼれそうでこぼれないのがハラハラ!

コインはいくつ入るかな?

「えっ、まだこぼれないの?」と、みんなビックリ!
水をこぼさずに何まい入れられるか、
きょうそうしても楽しいかも。

かんたん! 😊😊😊
できたらシールをはろう!

● **用意するもの**
- コップ
- 10円玉 たくさん
- 水(ペットボトルなどに入れる)

💬 水を入れます

1 コップに水を注いでいきます。

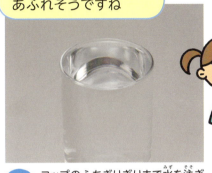

💬 いっぱいになりました。あふれそうですね

2 コップのふちぎりぎりまで水を注ぎます。あふれないように気をつけましょう。

💬 10円玉を入れていきます

3 10円玉をたて向きに入れます。指が水にさわらないようにしましょう。

💬 何まい入るかな?

4 1まいずつ、ゆっくりしずかに入れていきます。

💬 まだまだ入るよ

5 水があふれるまで入れていきましょう。コップの上に水がもり上がってからも、びっくりするほど入りますよ。

💬 そろそろあふれちゃうかも〜

ポイント

- コップの大きさや形によって、入る10円玉の数はちがいます。思ったよりたくさん入るので、先にためしてみて、十分な数の10円玉を用意しましょう。
- 10円玉がよごれていると、あまりたくさん入りません。使う10円玉は、きれいにふいておきましょう。

大人の方へ
水には、分子同士が引っ張り合う「表面張力」の働きがあります。10円玉を入れると水はコップのふちから盛り上がっていきますが、この張力のおかげで、なかなかこぼれないのです。

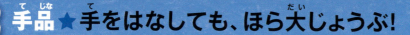

| みんなあそび | 手品 ★ 手をはなしても、ほら大じょうぶ！ | 思考力 観察力 表現力 |

こぼれない水

ふつう！

「わっ！　水がこぼれちゃう!!」って
みんなハラハラ、ドキドキ。でも大じょうぶ！
はがきがしっかりふたをしてくれるよ。

できたら
シールを
はろう！

用意するもの
- コップ
- はがき
- 水（ペットボトルなどに入れる）

水を入れます

これくらいでいいかな

1 コップに水を注いでいきます。

2 コップの半分より少し多いくらいまで、水を入れます。

上にはがきをのせます

3 水が入ったコップの上の真ん中に、はがきをおきます。

はがきを上からおさえて…

引っくり返します

この手をはなすとどうなるかなあ？

4 はがきをコップにしっかりおしつけます。

5 はがきをしっかりおさえたまま、ゆっくりコップを引っくり返します。はがきが動かないように注意しましょう。

6 引っくり返し終わったら、そのままの様子をしばらく見せます。みんなをハラハラさせましょう。

ポイント
はがきが曲がっていたり、しわになっていたりすると、水がこぼれることがあります。できるだけ、ピンとしたはがきを使いましょう。

大人の方へ
コップの中の水の表面張力と、はがきを下から押している空気圧とのバランスによって、はがきはコップにくっついたまま離れないのです。

7 はがきをおさえていた手を、はなします。はがきのふたははずれないので、水はこぼれません。

パッ！

みんなあそび　手品 ★ 上手に切ったら大きなわになるよ

はがきのわくぐり

小さなはがきから、体が通りぬけるほど大きなわっかができるから、ふしぎ！
一番大きなわっかを作れるのはだれかな？

がんばれ！

できたらシールをはろう！

● 用意するもの
・はがき
・はさみ

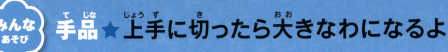

こんなに大きなわっかができるよ!!

1 はがきを半分におります
はがきをたて半分におって、長四角にします。

2 はしをのこして、はさみで切ります
はがきのはしの、おってある方からはさみで切ります。はしまで全部切らずに、少しだけのこしておきます。

（おったところ／ここは切らない）

3 引っくり返して、また切ります
はがきの上と下を引っくり返して、❷で切ったところの横を同じように切ります。

4 どんどん切ります
同じように、引っくり返しながらじゅん番に切るのを、反対のはしまでくり返します。さい後に切るのは、❷のときと同じように、おってある方からにしてください。

5 さい後、ここを切ったらでき上がりだよ
両はしをのこして、ほかのおり山を切りはなします。

（両はしは切らないで！）

6 こんなに大きなわができた！
おり山を全部切り終わったら、千切れないように、ゆっくりと広げましょう。

❓ どうなってるの？

点線は、はさみで切るところです。切り方をよく見てください。広げると、細いおびのようになった紙がつながって、わになっていることがわかります。

半分におって切るところ。

ここのはばを細くする方が、大きなわを作れるよ

広げると、こうなります。

細くしすぎると千切れやすくなるから気をつけて！

みんなあそび　運動あそび★紙テープを使ってあそぼう！

しっぽふみ

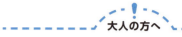

紙テープをこしにつけて"しっぽ"に見立てます。
ゆらゆらゆれるしっぽをつけたじょうたいで、
てきをせめたり、てきからにげたりしましょう。

大人の方へ

大人数でもあそぶことができる運動あそびもあるので、チームをいくつか作って、団体戦を行う楽しみ方もあります。チームで行うあそびは協調性とコミュ力が養われます。走ったりグルグル回ったりと体力を使うので、ケガのないように注意してください。

1

さんか者は紅白それぞれ15人を目安に、二組に分かれて。3.5メートルくらいの2色の紙テープを用意し、みんなそれぞれ紙テープをこしにつけます。リーダーは紅白チームが分かれるようにうながしましょう。

十分ににげられるよう、体育館や広場など、広い場所で行って。ころばないように、ゆか面（地面）が平らな場所をえらぶのもポイント。

こしにつけたテープの長さは、ゆか面にたれている部分が2メートルくらいになるように。長すぎる場合は、こしに二重にまくなどして。

2 リーダーの「スタート!」の合図でゲーム開始。相手チームの人を追いかけ、テープを足でふんで切りましょう。切れたテープは、切った人がゲームセットまで持っていて。

テープを切られたら、すぐにゲームセットというパターンも。この場合は、切られていない人の数が多いチームが勝ち!

それぞれ持っているテープをつなぎ合わせて1本にし、長い方のチームが勝ちになります。

リーダーは10分ほどたったら、ゲームセットの合図をしましょう。

運動あそび ★ バットを使ってあそぼう！

ハリケーンランニング

● 用意するもの
・バット(2本)

バットを使ってグルグル回った後、
てきチームに負けないように思い切りダッシュ〜！
目が回ってフラフラ……なんてことがあるかも!?

1 10〜20人を1チームとして2チームを作り、一列にならんで。バットはチームの列から7メートルほどはなれたところにおきます。スタートラインからバットのところまで行き、バットを立ててグリップにおでこを当て、バットをじくにして3回回りましょう。

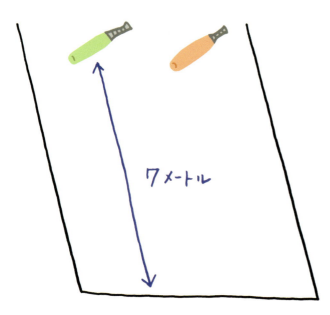

バットはかならず、ゆか面（地面）につけながら回って。バットを回す場所を決めておきましょう。ゆか面からうかないように気をつけて。

チームとチームの間かくは十分にはなしておくこと。近すぎると、ぶつかってケガをすることもあるので、注意して。

2 回ったら、スタートラインにもどり、次の人にタッチして、リレーしていって。全員が早く回り終えたチームが勝ちです。

めまいのようなげんしょうが起こるので、目が回りやすい人はゆっくり回って。

バットで3回回ったかは、自分またはチームのなか間がかくにんして。回数をかくにんする係をおいても。

これもおもしろい！
バットで回る回数にさをつけて、大人チームと子どもチームで対せんするのもおすすめ。子どもが大人に勝っちゃう！なんてことも大いにあり♪　もり上がること間ちがいなしです。

みんなあそび　屋外あそび★さん歩で発見しよう!

春の植物さがし

かんたん！

北風はもうふかないけれど、サクラはまださいていないきせつ。でも、道をよく見ると、気の早い花がさいています。かんさつしてみて。

用意するものは何もなし！　自分の足を使って、林や森、いつもの道を歩くだけ。地面に植わっている植物をよくかんさつしましょう。気になる植物は持ち帰って植物図かんで調べたり、カメラで写真をとるのもおすすめ。

（ 外国から来た植物 ）

オオイヌノフグリ
青い星をばらまいたみたいにたくさんの花をつけています。アフリカからやって来た植物。

ナガミヒナゲシ
道ばたや空き地に多い、ヨーロッパから来た草。細長い実をつけるので、すぐにわかります。

ムラサキハナナ
え戸時代に中国からやって来た植物。川ぞいの土手や家のまわり、道ばたで見かけます。

日本の植物

ヘビイチゴ

赤い実はおいしくないので、「ヘビにでも食べさせろ」と、ついた名前だそう。少ししめった場所が好きです。黄色のきれいな花がさきます。

キュウリグサ

葉っぱをもむと、キュウリのにおいがします。道ばたや野原でよく見かけます。うす青色の小さな花がヨーロッパのワスレナグサに似ています。

ホトケノザ

2まいの丸い葉がほとけ様のすわる台ざにてにているので、このような名前がついたそう。秋から春にかけて畑や道ばたに生える草です。

ヒロハタンポポ

日本のタンポポとヨーロッパから来たセイヨウタンポポのちがいは、花の下のガクみたいな部分。めくれているのがセイヨウタンポポ。

ヒロハタンポポ

セイヨウタンポポ

みんなあそび　屋外あそび ★ 工作にも使えるよ！

秋の植物さがし　かんたん！

夏休みが終わって、風がすずしいなと思ったら、秋はすぐそこまで来ています。友だちといっしょに小さい秋をさがしに出かけましょう。

とくに用意するものはなし。自分の足で、がい路じゅや田んぼのあぜ道、公園などを歩いてみましょう。葉っぱや木の実を拾ったら、おうちに持ち帰って、部屋にかざったり、工作に使ってみると、楽しさ倍ぞうです！

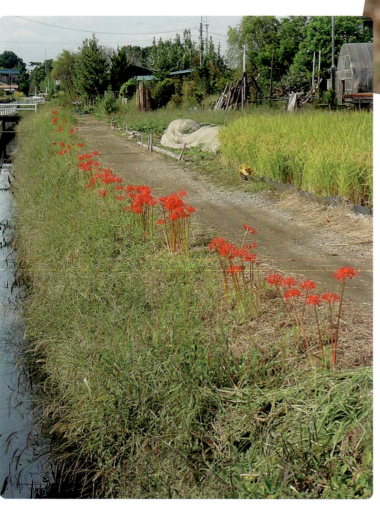

大人の方へ

自然とふれあう屋外あそびをみんなで体験しましょう。毎日通り過ぎている道ばたに生えている草花も季節の植物かもしれません。地面を注意深く見たり、空を見上げたりと、観察力が養われます。何かを見つけようとする探求心も向上します。

ヒガンバナ

あぜ道やおはかの近くにさく花。昔、中国からイネといっしょに日本にやって来ました。あぜ道に植えられているのは、ヒガンバナがどくを持っていて、ネズミやモグラを遠ざけるから。

178

コムラサキシキブ

明るくしめった草地に生えるせのひくい木で、庭にもよく植えられています。夏のはじめにうすむらさき色の小さな花をさかせ、秋には赤むらさき色の小さな実をたくさんつけます。

ツルボ

この花が川ぞいの日当たりのよい土手や道ばたのせのひくい草地にさくと、もう秋の始まり。うすむらさき色の花のほをいっせいにのばすと、いろいろな虫が集まってきます。

カキノキ

おいしくうれた実を食べにヒヨドリやムクドリ、メジロ、スズメたちが来ます。鳥も人間も大すきな実をいっぱいならせるカキノキは、町でくらす生き物にとっても大切な木です。

ヨウシュヤマゴボウ

こう葉もきれいなヨウシュヤマゴボウは鳥たちに大人気。別名はアメリカヤマゴボウ。このむらさき色の実はインクの代わりに字を書いたり、ぬのをそめたりできます。

屋外あそび ★ この石は何万さい?

小石さがし

かんたん！

かわらにある石は何万年も何千年も
かけてできたもの、海のそこや山の中でできたもの。
そんなれきしを小さな石から感じてみよう。

かわらや森、林、公園などに行って、小石をさがしてみよう。気になる石があったら、おうちに持ち帰って、石の図かんで調べてみるのがおすすめ。お気に入りの石はきれいにふいて、部屋にかざるのもいいでしょう。

石のしゅるい

こう物

同じマグマからできた岩石でも、ひえ方でちがいが。早くひえた安山岩は石を作っているつぶつぶが小さい火山岩のなか間。ゆっくりひえた花崗岩はつぶつぶが大きい深成岩のなか間。それぞれのつぶは石英、黒雲母、長石などのこう物です。

安山岩　　花崗岩

石英　黒雲母　長石

石英

石英はいろいろな岩石に入っていることが多いこう物。とてもかたく、石英同しをぶつけると火花が出るので、火打ち石ともよばれ、昔は火をおこすのに使われていたと言われています。

紫水晶

まじり気の少ないこう物がゆっくりかたまると、決まった形のつぶ（けっしょう）になります。石英のけっしょうは水晶とよばれ、ほう石になったり、光を運ぶ光ファイバーのざいりょうにもなります。

堆積岩

こう水で流された小石やすなが、海ていにつもってかたまったもの。いろいろな色の石がまざってかたまっています。この石のつぶは角ばっているのがわかるかな？　中の小石は丸くなる間もなく、一気に海に運ばれたんだね。

アンモナイトの化石

どろがかたまった泥岩の中にあったそう。アンモナイトはからを持つイカやタコのなか間で、4おく年前のデボン紀から6500万年前の白あきまで、世界中の海にすんでいました。

ニオガイがすんだ泥岩

やわらかい泥岩にニオガイという貝があなを開けて暮らしていたあと(生こん)。このあなは新しいもので、海で拾ってきたとき、中の貝はまだ生きていました。

三稜石

風食れきともよばれ、季節風でふきとばされたすなつぶに何年もけずられて三つの平らな面を持つ石になります。写真の石は泥岩より長い時間をかけてどろがかためられてできた粘板岩が、風にけずられたものです。

火山でできる石

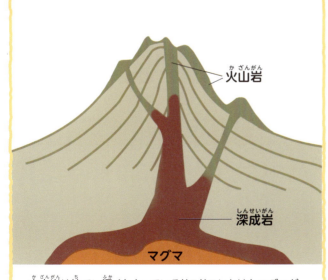

火山岩は地てい深くたまっているドロドロにとけたマグマが、地上やあさいところで急にひえてかたまったりしてできたもの。深いところでゆっくりかたまったのが深成岩です。火山岩と深成岩をまとめて火成岩とよびます。

海ていでできる石

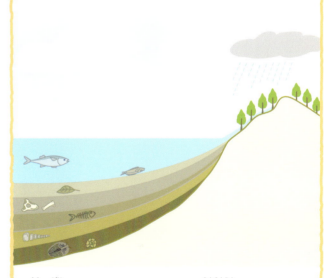

海や湖のそこにつもったすなやどろが何万年もかけてギュッとかたまって岩になったのが、堆積岩とか水成岩とよばれる岩石です。この石の中から化石が見つかったりします。いろいろな岩でできたしま模様が地そうです。

屋外あそび ★ 大空をかんさつしよう!

雲さがし　かんたん！

空を見上げて、もくもくと動く雲をかんさつしてみない？　雲のしゅるいを知ると、空を見る時間がぐんと楽しくなるよ♪

あそび方

空をながめるだけ！　カメラで雲の写真をとったり、スケッチブックに雲の絵を記ろくしておくのもグッド。雲といっしょにお天気を記ろくしておけば、「こんな雲が出たら、明日は雨がふる」など、雲と天気のかん係もわかってくるかもしれません。

豆知しき　雲は水でできている!?

ふだん何気なく見ている雲。実は水じょう気がひえてできたものです。れいぞう庫を開けたときに出る白いきりやヤカンからふき出す湯気と同じ。こおって雲のけっしょうになっていることもあります。

雲のしゅるい

レンズ雲

上空の強い風のえいきょうを受け、レンズのだん面やアーモンド、豆のさやのような形になったもの。

せきらん雲

夏の夕方、ぐんぐん高くせい長している雲。かみなり雲ともよばれ、夏によく出て、かみなりを起こします。

屋外あそび

182

つるし雲

レンズ雲が何そうにもつみ重なった雲。コマやひこうきのつばさ、ブーメランのような形をしていることも。

さい雲

太陽の近くを通りがかり、緑や赤、黄色にいろどられた雲のこと。さい雲を見ると、いいことが起こると言われます。

ひこうき雲

ひこうきがはい出する水じょう気がひえて雲つぶになったときなどにできる雲。ひこうき雲が出た次の日は雨になりがち。

うろこ雲

魚のうろこのような形から名づけられ、秋の空でよく見られます。うろこ雲＝てい気あつが近づき、雨になりやすい！

みんなあそび　手品 ★ ちょうのう力がなくてもできちゃう

思い通りに ゆれるふり子

じっと見つめるだけで、
動かしたい5円玉だけをゆらせるよ。
自分でもビックリ！

ふつう！

● 用意するもの
- 5円玉 3まい
- 糸
- わりばし

できたらシールをはろう！

じゅんび

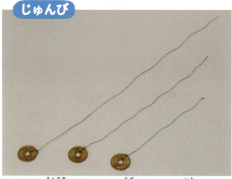

3まいの5円玉に、それぞれ長さのちがう糸をむすびつけます。糸の長さに決まりはありません。短い糸の5円玉の方をはしにして、短いじゅんにわりばしにむすびます。

すきな5円玉を指さしてください。その5円玉だけをゆらしてみせます

1 5円玉がゆれないように、わりばしを真っすぐ持ちます。

はしっこ
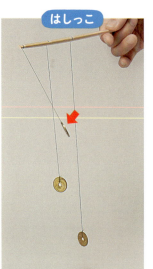

真ん中

手前

ポイント

ゆらしたい5円玉をじっと見つめて、少しずつわりばしを動かすと、その5円玉だけが動き始めます。動き始めたら、その5円玉のゆれを大きくしようと思うだけで、ほかの5円玉は止まったまま、その5円玉だけが大きくゆれます。ふしぎだけど、だれにでもできるはず！

2 相手がえらんだ5円玉だけをゆらしてみせましょう。どの5円玉でもできるので、じゅん番にえらんでもらって、ほかの5円玉もゆらして見せましょう。

大人の方へ

振り子は、糸の長さによって振動が異なり、長いほど大きくゆっくり揺れます。狙った振り子の振動に合わせて手を動かせば、小さな動きでも振り子は大きくゆれます（共振現象）。人にはそのように、小さな動きを探り当て、振り子と「息を合わせる」能力がもともと備わっています。

みんなあそび　手品 ★ かんたんだけど、みんなビックリ！

なかよしクリップ

おさつのはしを引っぱっていくと、
あれあれ、ふしぎ！
はなれていたクリップ同しが
くっついてしまいます。

かんたん！

できたらシールをはろう！

● **用意するもの**
・おさつ 1まい
・クリップ 2コ

千円札とふたつのクリップを用意しました

1 相手にわたして、タネもしかけもないことをたしかめてもらいましょう。

おさつをこのように曲げます

2 上の写真のように、おさつを曲げます。

クリップでとめます

3 おさつのかた方のはしと、曲げたところをクリップでとめます。

反対がわも同じようにとめます

4 同じように、反対がわのおさつのはしと曲げたところをクリップでとめます。

上から見ると、こんなふうになっています

5 おさつの両はしを持って上がわを相手に向け、クリップでとめた様子を見せます。

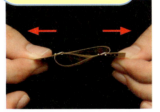

さて、これがどうなるのでしょうか？

6 おさつの両はしを左右にゆっくりと引っぱっていきます。

両はしを引っぱっていきますよ

7 さらに両はしを引っぱります。

あ〜、やぶれちゃいそう！

8 相手がハラハラするよう、ここでいったんやめましょう。

はい、なぜかクリップがくっつきました

9 左右に引っぱり切ります。

大人の方へ
お札は、何円札でもかまいませんが、折りあとのないピンとしたものの方が、失敗なくスムーズにできます。新札がベター。

| みんなあそび | 手品 ★ さわってないのにクルクル回るよ | 表現力　観察力　思考力 |

ハンドパワー風車

ふつう！

この風車には
タネも仕かけもありません。
本当にハンドパワーで回るんです。
パワーはみんなにあるよ！

● 用意するもの
○ 5センチ四方くらいの紙
○ つまようじ

できたらシールをはろう！

かんたんな風車を作りましょう

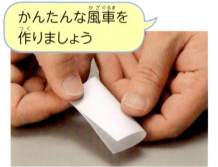

1 紙を半分におります。つめでしごいて、しっかりおり目をつけます。

2 紙をいったん開いて、おりめが十文字になるように、もうひとつおり目をつけます。

3 写真のように、おり目の山をつまんで、かさのような形にします。

つまようじにのせて、風車のでき上がり

4 3の紙の真ん中を、つまようじのとがったところにのせます。かたむいて落ちそうになったら、真っすぐのるように形を整えましょう。

ハンドパワー！

5 両手でつつみこむように持って、パワーをこめるふりをしましょう。しばらくすると、風車がゆっくりと回り始めます。

ポイント
○ うすくて軽い紙の方が、よく回ります。できるだけきれいな正方形に切りましょう。
○ 部屋の温度がひくめで、手が温かいほど、よく回ります。お湯に手を入れたり、両手をこすり合わせたりして温めておきましょう。

写真のように、つまようじを消しゴムにさしこんで立てて、両手でつつみこむようにすると、もっとよく回ります。

○ 息をふきかけて回しているのではないことをしんじてもらいたかったら、マスクをするといいでしょう。

大人の方へ
空気は温まると軽くなり、上昇気流を発生します。ほんのわずかな手のぬくもりでもできるのです。

みんなあそび　手品 ★ 小さいあなを大きなコインが通りぬける!

あなが大きくなった?

かんたん！

1円玉と500円玉、もちろん1円玉の方が小さいよね。
でも、1円玉の大きさのあなを、なぜか500円玉が通りぬけちゃうよ！

できたらシールをはろう

● 用意するもの
□ 1円玉　　□ ペン
□ 500円玉　□ はさみ
□ 紙

> 紙に、1円玉と同じ大きさのあなを開けます

1 紙を真ん中でおって、おったはしに1円玉が半分のるようにおいて、ペンでふちをなぞって半円を書きます。

2 書いた線にそって切りぬきます。おったまま切れば、かんたんに丸く切りぬけるよ。

> では、このあなに500円玉を通してみましょう

> ほらね。通ったでしょ

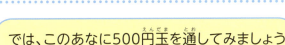

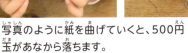

あなにつかえた500円玉

ポトリ

3 あなのところに500円玉をおいて、500円玉の方があなより大きいことをみんなに見せましょう。

4 写真のように紙を曲げていくと、500円玉があなから落ちます。

5 紙を広げて、あなの横に500円玉をおいて、あなの方が小さいことを見せます。

ポイント
紙を曲げるとき、急いだり、力を入れすぎたりすると、紙がやぶれてしまうことがあるので、ゆっくり曲げましょう。

大人の方へ
紙を曲げれば穴の直径は広がり、その穴を厚みのないコインは通り抜けます。立体的に考えられる大人にとっては当たり前ですが、平面でしか大きさの比較ができない子どもには、不思議に思えるのです。

手品

187

みんなあそび　運動あそび★ペットボトルを使ってあそぼう！

ペットボトルボウリング

かんたん！

ペットボトルをボウリングに見立てて
あそんじゃおう！　たおした本数よりも、とく点が大切。
1投ごとに集中して投げましょう。

● 用意するもの
- ペットボトル（1.5リットルを6本）
- ボール（ドッジボールより小さめのもの）
- 紙
- ペン
- セロテープ

1　ボールを投げるいちを決めて、レーンに対して横に1メートル取り、そこから一番手前のピンまでのきょりが5メートルほどになるようにセットして。ピンをおく場所がわかるよう、しるしをつけましょう。

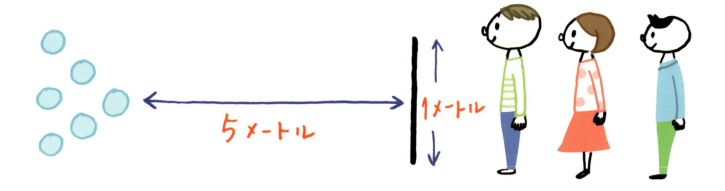

何人でもゲームはできますが、1レーンにつき3人までがベスト。待ち時間が長くなりすぎないようにするための工ふうだよ！

2 ピンには1〜6の番号をつけておく。ペンで数字を書くか、数字を書いた紙をはって。ピンはならべ方と間かくによって、大きくとく点がかわるので、調整することが大切！

たおれやすい

たおれにくい

同じ形やサイズのペットボトルでも、間かくがせまいとたおれやすく、間かくが広いとたおれにくい！

3 レーンごとに、投げるじゅん番をジャンケンで決めて。ゲームはかく自100点を持ち点とし、投げてたおしたピンの合計とく点を引いていく。ひとり1投ごとのじゅん番で行い、持ち点が早くゼロかマイナスになった人が勝ち！

ナイスボール！

投げ終えた人がピンセッター（ピンを立てる人）になります。

これもおもしろい！
投げる回数を決めておき、たおしたピンの合計点数をきそっても楽しい！ ボールを小さくすると、むずかしさがアップ。

ボールはバウンドしないように、ころがして投げましょう。

運動あそび

みんなあそび　運動あそび ★オニを決めてあそぼう！

冷凍人間

オニにつかまったら、カチコチに凍らされちゃうゲーム。
でも、なか間がまたをくぐったら、解凍できちゃいます！
なか間と助け合って、せいげん時間までにげ切りましょう。

かんたん！

1 オニは頭にハチマキをし、会場にいるメンバーを追いかけて。オニにタッチされた人は、両手両足を広げて立ち止まり、凍ったじょうたいになります。せいげん時間は5分を目安に。ちなみに、にげる人数は50人など、大人数がおすすめ。人数に合わせてオニをふやしましょう。会場もバスケットコートくらい広い場所で。

凍った人間

オニにタッチされたら、手足を広げ、凍ったポーズをとりましょう。

2 全員凍ってしまうとゲームは終わり！　でも、凍った人は、なか間の"解凍"というワザで、さい度動けるように。やり方は、にげている人が凍った人のまたをくぐるだけ！

凍っている人のまたの下をくぐりぬけると、解凍かんりょう！　オニは解凍作業中はタッチできません。

3 せいげん時間が来るまで、ひっ死でにげましょう。ひとりでにげるだけでは、すぐに全員が冷凍人間になってしまうので、解凍作業を行いながらにげるのがポイント。

せいげん時間が終わるまで、タッチされずにオニからにげ切れた人が勝ち！

会場が広すぎるとゲームとしてせい立しないので、かならず使用するエリアをげん定しましょう。

運動あそび

| みんな あそび | 運動あそび ★ す早い動きが決め手！ |

家の中の羊さん かんたん！

「オオカミが来たぞー！」の声で
羊役の人は、他の家ににげます。家が見つけられない
回数が多い人が負け。さあ、す早くにげましょう。

1 オオカミ役となるリーダーを決め、3人一組になります。ジャンケンをして負けた人が羊役になって。のこったふたりは手をつなぎ、家を作りましょう。羊役はその中に入って。

家となる「わ」を作ります。かたからこしくらいの高さで手をつないで。

家と家があまり近くなりすぎないように、ほどよいきょりをキープして。

2 リーダーが「オオカミが来たぞー!」とさけんだら、羊役の人は他の家ににげて。リーダーもどこかの家ににげるので、だれかひとり羊役の人は家に入れません。家に入れなかった人が次のオオカミ役になり、「オオカミが来たぞー!」とさけびます。これをくり返して、家に入れなかった回数が多い人が負け。

羊役の人同しがぶつからないように、きょり感には気をつけましょう。

せいげん時間を決めて、羊役と家役を交代しても、ゲームをしながらてき当に交代していってもオーケー。

これもおもしろい!
間ちがえて家から出てきたらアウト!というルールにして、「オオカミが来たぞー!」ではなく、「王様が来たぞー!」などのフェイントをかけても、もり上がるはず♪

運動あそび

運動神経 観察力 協調性

みんなあそび　おりがみ ★ 上手にとばそう！

ジェットき

かんたん！ 😊😊😊

ひこうきの先に
かっこいいコックピットがついているよ。
ビューンと遠くまでとばしてみよう！

ふろくの
かざりシール
をはっても
いいね！

おれたら
シールを
はろう！

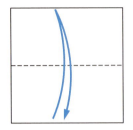

1 半分におります。

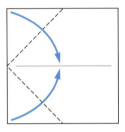

2 おりすじに合わせて角をおります。

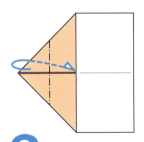

3 左の角を向こうがわへおります。

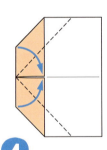

4 おりすじに合わせてそれぞれおります。

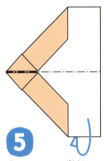

5 向こうがわへ全体を半分におります。

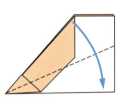

6 点線のところで羽をおります。うらも同じに。

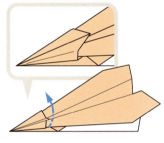

7 中におりこまれている角を引き出します。

みんなでとばそう！
とんでいる時間が長かったのは、だれのひこうきかな？
遠くまでとんだのはだれのかな？
みんなできょうそうしよう！

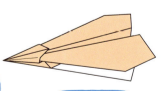

でき上がり

194

みんなあそび　おりがみ ★ たくさんおってニンジャになろう！

しゅりけん

がんばれ！

おれたらシールをはろう！

ニンジャが投げる、ぶきだよ。
組み合わせるおりがみを2色えらんで
自分だけのしゅりけんを作ってみよう。

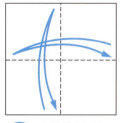

1 おりがみを2まい用意します。おりすじをつけます。

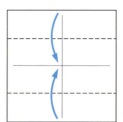

2 真ん中で合うように上下をおります。

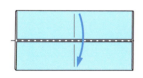

3 全体を半分におります。

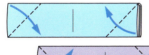

4 角を三角におります。2つでおり方がちがうから、図をよく見ましょう。

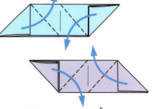

5 おりすじに合わせてそれぞれおります。

うらがえす

6 下だけうら返したところ。図と同じになったかな。

むきをかえる

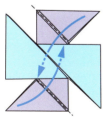

7 図のように2つを重ねて点線のところでおります。先はすき間にさしこみます。

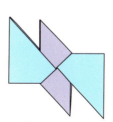

7をおったところ。

ニンジャごっこ
みんなでニンジャになりきってポーズを決めたら、かっこよくシュシュッと投げてみよう！

大人の方へ
手裏剣は先がとがっているので、人に向けて投げると危険です。大勢で遊ぶときは、「人に向けないでね」と声かけを。

うらがえす

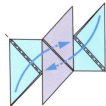

8 うら返したら、点線のところでおって先はすき間にさしこみます。

でき上がり

※おりがみのきほんは10〜11ページを見てね。

おりがみ ★ さるを動かしてあそぼう

さるのきのぼり

おりがみをこすり合わせると、あれあれ!?
さるがススス〜ッと木登りして
木の上から顔を出すよ！

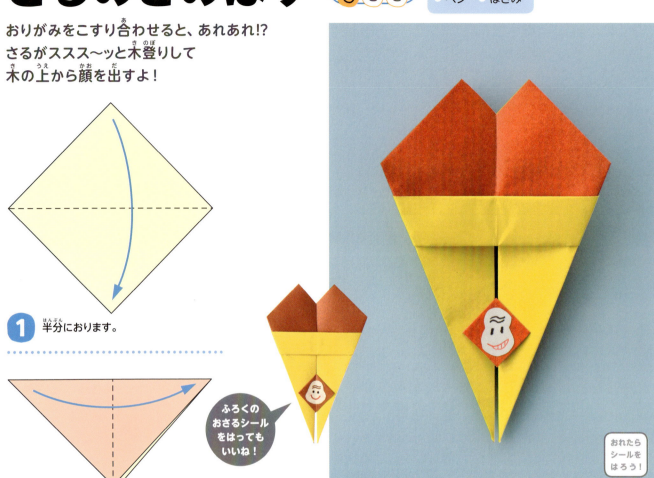

1 半分におります。

2 半分におります。

3 ←に指を入れ、開いてつぶします。

3をおっているところ。

3をおったところ。

うらがえす

4 うら返したら、同じように開いてつぶします。

ふろくのおさるシールをはってもいいね！

おれたらシールをはろう！

● 用意するもの
● ペン　● はさみ

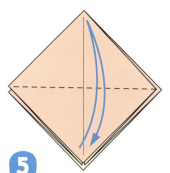
5
手前の1まいにおりすじを
つけます。

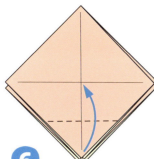
6
真ん中に向けて角をおり上げます。

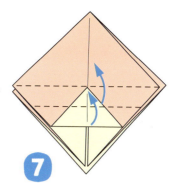
7
さらに2回おり上げます。
うらも5～7と同じに。

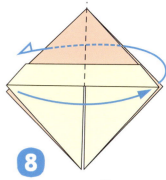
8
おりずらして、おる面を
かえます。

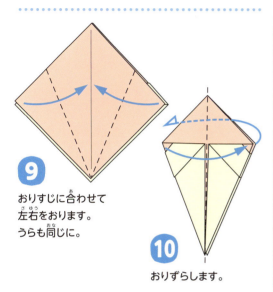
9
おりすじに合わせて
左右をおります。
うらも同じに。

10
おりずらします。

木登りきょうそう

よ～いどん、でスタート！
木の左右をこすり合わせるように動かすと、
さるがだんだん上に登っていくよ。
木のてっぺんに、先に顔を出した人が勝ちだよ！

スルスル～

ぴょこん！

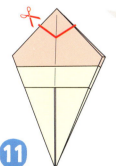

11
てっぺんを四角に切り落とし、
さるの絵をかきましょう。

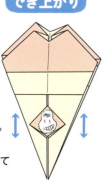
でき上がり

木の間に、さるをはさみます。
木の左右をそれぞれ持って、
こすり合わせるように動かして
あそびます。

※おりがみのきほんは10～11ページを見てね。

でんとうあそび ★ 缶を使ってあそぼう!

缶けり

かんたん! 😊😊😊

● 用意するもの
・空き缶

昔から子どもたちに人気のあそび。
オニはかくれたなか間をさがしつつ、空き缶を守って。
「カーン!」とけられたら、ゲーム終りょうです!

ルール
オニが間ちがって缶をたおしたら、つかまっている人はにげてオーケー。つかまっている人が缶をたおしてしまったら、その人がオニになります。オニに見つかっても、オニが缶をふむ前に缶をけることができればセーフ! オニは缶をもう一度ひろいに行き、数を数え直します。

1. じゃんけんでオニを決めます。人数が多い場合はオニをふく数にしても。広い場所で行うときは、かくれてよいはんいをげん定するといいでしょう。

2. どこからでもよく見えて、しかもけりやすい場所に缶をおきます。オニい外のだれかが缶を思い切りけりとばしたらゲームの始まり。

3. オニは缶をひろってきて元のいちにもどし、目かくしをして決められた数(50〜100)を大きな声で数えて。この間にオニい外の人はかくれます。

4. 数え終わったら、オニはかくれている人たちをさがして。オニが缶からはなれたすきに、かくれた人たちは缶をけりに行きます。

5. オニはかくれている人を見つけたら、「○○ちゃん見っけ!」とさけんで、缶のところにもどって、缶の上に足をのせて10秒数えます。

6. だれかが缶をけれたら、つかまった人とオニ以外の全員がもう一度かくれてオーケー。全員つかまったら、さいしょにつかまった人がオニになります。

おすすめの作戦

木の上にかくれれば、見つかりにくい！　安全なひくい木をえらんで、とびおりるときは気をつけて。登る木は缶の近くが理想。体けいのにた人が上着を交かんしへんそうすることで、オニをこんらんさせよう。その間に缶をけりに行くのもおすすめ。自分たちだけのルールを作って、さらにおもしろくあそぼう！

! 大人の方へ

誰もが一度は楽しんだことがある伝統あそびの数々。そのあそび方は基本的に変わっていません。缶けりやSケンなら観察力や運動能力、ベーゴマやおはじきなら器用さや集中力など、あそびによって養われる力は変わってきます。ここで紹介する伝統あそびは基本的なあそび方なので、ローカルルールがあったらそれに従って遊んでもかまいませんし、自分たちで新しいルールを作ってもかまいません。

でんとうあそび ★ じん地をうばってあそぼう！

Sケン（エス ケン）

かんたん！

●用意するもの
- 缶やビン
- しばの場合はライン引き

●ルール
Sの字入り口以外の場所で外に出されたり、中に引きずりこまれたり、しりもちはアウト。アウトになったら、じん地の外で待きすること。てきのじん地内でたおされた場合、アウトかセーフかはゲーム開始前に話し合って。島は休けいする場所なので、こうげきはしないで。

地面にSの字をかいて、相手チームのたから物をうばっちゃおう！
かた足でケンケンをしながら、相手を引っぱったり、おしたりして、じん地にせめこんでたから物をゲットして。

1 地面にSの字と安全地たいの島をふたつかきます。

2 2チームに分かれて、自分のじん地にスタンバイして。たから物はじん地の定いちにおきます。

3 自分のじん地のたから物をうばわれないようにじん地を守ったり、相手のじん地のたから物をうばいにせめに行きましょう。自分のじん地から出る場合はかた足ケンケンで。両足をついたらアウト。

4 相手のじん地に入りこみ、たから物をゲットして、自分のじん地に持ち帰れたら、勝ち！ じん地への出入りは線の切れているところ1カ所のみで、他の場所からは出入りできないので、注意しましょう。
Sの字になれてきたら、いろいろな形のじん地をかいてみよう。

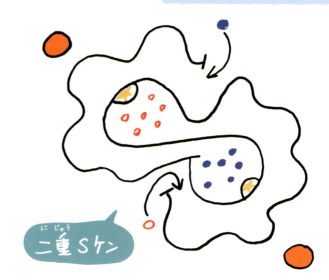
二重Sケン

[いろいろな形のじん地をかいてみよう！]

四角　　めがね形

基本形

左ページの ① ～ ④

でんとうあそび ★ なつかしのおもちゃであそぼう！

ベーゴマ

ふつう！

昔から親しまれているでんとうあそび。
自分のベーゴマで友だちのベーゴマをはじきとばしたり、
長く回りつづけた人が勝ちです。さあ、いざ勝負！

● 用意するもの
- ひも
- ベーゴマ
- ベーゴマのとこ（台になる丸いバケツにキャンバス地をはって、まわりをひもでくくったもの）

ひものまき方

［ 女まき ］

1. ひものはしから4センチほどのところにひとつ目のむすび目を作り、ひもの先はほぐしましょう。

2. ①のむすび目から1センチほどはなれたところにふたつ目のむすび目を作ります。

4センチ　1センチ

3. ベーゴマのちょう点にむすび目の中心を合わせ、そのまわりにひもをきつくまきつけます。

［ 男まき ］

1. ひものはしから4センチほどのところにひとつ目のむすび目を作り、ひもの先はほぐしましょう。

2. ベーゴマのちょう点に①のむすび目を合わせ、1しゅうしてきたところにふたつ目のむすび目を作ります。

3. ふたつのむすび目のまわりにひもをきつくまきつけます。

持ち方＆回し方

親指と人さし指でベーゴマを持ち、のこりの指でささえてから手のこうを上にして持って。とこを目がけ、ひもを引くようにベーゴマを回します。

［ ニンガラ ］ ベーゴマあそびの中では定番人気。対せんは1対1で。ふたりが同時にベーゴマをとこに投げ入れ、相手のベーゴマをはじき出した方の勝ちです。

［ つぎどこ ］ 先入れ、後入れに分かれてたたかいます。とこから相手のベーゴマをはじき出したら勝ち。きほんはふたりで行うあそびですが、ふく数人が時間さでコマを入れても。

［ ロッパ ］ 「チッチッノチッ！」などのかけ声で、みんなで同時にベーゴマをとこに投げ入れ、他の人のベーゴマを外にはじき出すか、一番長く回した人が勝ち。大人数で行って。

みんなあそび　でんとうあそび ★ なつかしのおもちゃであそぼう！

おはじき　かんたん！

色とりどりのおはじきは、見ているだけでも楽しいもの。
そして、おはじきを使って友だちといっしょにあそぶと、もっと楽しい！
いろいろなあそび方をおぼえましょう。

お手ばらい

1 かく自がおはじきを同じ数だけ出し合い、はじくじゅん番を決めます。

2 全部のおはじきを手に取って、ゆかやテーブルの上にちらばらせて。おはじきが重なっていた場合は上のおはじきを取り、くっついているおはじきはどちらかのおはじきを取って、ふたたびちらばらせましょう。

3 どのおはじきをどのおはじきに当てるかを決めたら、そのおはじきの真ん中に指で線を引いて。このとき、指はおはじきにふれないように。ふれてしまったら、自分の番は終わりになってしまいます。

4 ふれずに真ん中に線がうまく引けたら、決めたおはじきをねらって指ではじいて。ねらったおはじきに当たったら、また線を引きます。ふたつのおはじきの間をふれずに線を引けたら、すきな方を自分のものにできます。

5 ふたつのおはじきがくっついていたり、重なっている場合はしっかく。さい後にのこった1コは、目をとじて人さし指でおはじきのまわりを2回回し、さい後に人さし指と中指をV字に開き、おはじきをまたぐようにぬいて。

6 これらの一れんの動作をおはじきにふれないでできた人がさい後の1コをもらえます。おはじきを一番多く取った人が勝ち。

おはじきのせ

手のひらに5〜6コのおはじきを持って上に上げ、手のひらを反転させ、手のこうに全部のおはじきをのせます。さい度、おはじきを上に投げ、手のこうを反転させ、すべてのおはじきをつかみます。おはじきを落とさず、何回つづけられるかをきそって。

中ぬき

おはじきをゆかやテーブルの上に投げ広げ、ふたつのおはじきを「門」のように少しはなしておいて。門を通し、できるだけたくさんのおはじきをはじいてくぐらせ、さい後に門のおはじきをはじいて当てます。当てたら、通したおはじきは全部もらえます。

屋外あそび ★ 植物で作ろう!

葉っぱ&木の実のおもちゃ

かんたん!

林や森で見つけた植物を使って自分だけのおもちゃを作ってみよう。部屋にかざるのもおすすめ。

葉っぱのお面

用意するもの
- 葉っぱ
- フェルトペン
- はさみ

作り方

このみの葉っぱにフェルトペンで顔をかけば、お面のかんせい。はさみであなを開けるのもいいでしょう。いろいろなしゅるいや大きさの葉っぱで作ってみよう。

スギのやじろべえ

用意するもの
- スギの小えだ

作り方

どんな大きさや形にしたら、バランスよく、長い時間つり合うかな? いろいろなスギの小えだでためしたり、友だちと時間をきそっても。

屋外あそび

204

お花のおひな様

● 用意するもの
- ツバキやツツジの花
- マツの葉

作り方
ツバキやツツジに小さな花をさし、マツの葉の刀をさしたら、おひな様のでき上がり。

お線こう立て

● 用意するもの
- ねん土
- 木の実
- つまようじ
- お線こう

作り方
ねん土で土台を作り、木の実をくっつけて、つまようじであなを開けます。おしゃれなお線こう立てが作れちゃう！

カードスタンド

● 用意するもの
- ねん土
- 木の実
- カッター

作り方
ねん土をおだん子みたいに丸めてカッターで切り目を入れ、お気に入りの木の実をはりつけたら、カードスタンドのかんせい。

木の実のオブジェ

● 用意するもの
- 木の実
- せっ着ざい
- フォトフレーム

作り方
まつぼっくりやどんぐりなどの木の実をフォトフレームにせっ着ざいではるだけ。落ち葉やおし花をはるのもおすすめだよ。

屋外あそび

205

みんなあそび｜**手あそび** ★ 思った通りに動かない体にビックリ！

鼻つまみ1・2・3

ふつう！

かんたんそうに見えて、意外とむずかしいのがこのしゅ目。
思った通りにす早く動けるようになれば、き用さもアップ！

大人の方へ

最初はなかなか思うように手が動かないかもしれませんが、徐々にできるようになると達成感も得られます。

1 さんか者はリーダーが見えるいちに着きましょう。

「これから鼻つまみゲームを行います」

リーダー

まずは初級。左手で「自分の鼻」をつまみ、右手で「左の耳」を持ってください。

リーダーは見本を見せ、さんか者も同じポーズになります。

2 リーダーが合図をしたら、動作をかえましょう。
「せーの！」と言ったら、左手で「右の耳」を持ち、右手で「鼻」をつまむこと。
そしてもう一度「せーの！」と言ったら、元のポーズに戻してください。

初級

せーの！　　せーの！

左手は鼻、右手は左耳。　　右手は鼻、左手は右耳。　　左手は鼻、右手は左耳。

リーダーの「せーの！」の声かけで動作をくり返します。ここで、とまどってしまう人も出てくるので、まずは何度か練習してみましょう。

3	さんか者がなれてきたら、 「せーの！」のときに、はく手を1回入れるようにしましょう。 これが中級となります。

中級

左手は鼻、右手は左耳。　　はく手を1回。　　右手は鼻、左手は右耳。

4	さい後は上級のせつ明です。中級の動作ではく手をした後、 両手を上げてバンザイポーズをし、すぐに下ろしてもう一度はく手した後、 反対がわの「耳さわり」と「鼻つまみ」をしましょう。

上級

上級をうまくできる人は、みんなの前で発表してもらいましょう。ただし、上級はかなりむずかしいので、さんか者の様子を見て行うかどうかを決めましょう。

左手は鼻、
右手は左耳。　　はく手を1回。　　バンザイをする。　　はく手を1回。　　右手は鼻、
左手は右耳。

みんなあそび 手あそび ★ 力まずリラックスして行おう！

集中力 / 推理力 / 器用さ

かた上げて！

かんたん！

「上げ」「下げ」の引っかけに、ついだまされてしまいそう!?
かたを動かしているうちに、自然と体そうになっているかも。

1 たとえば「かた上げて」と言ったら、さんか者全員が両かたを上げるのです。
練習してみましょう。「かた上げて」「かた下げて」「あご上げて」「あご下げて」「首をぐるっと1回回しましょ」

リーダー：「指示する通りにかたを上げ下げしてください」

リーダーも同じ動作をしながら説明します。

かた上げて。

かた下げて。

あご上げて。

あご下げて。

首をぐるっと1回回しましょ。

2 つづけましょう。「かた上げて」「かた下げて」「あご上げて」「あご下げない」。
動きを間ちがえるさんか者が出てきて、わらいが生まれます。
2分ほどあそんで、引っかからなかった人にはく手を送りましょう。

おもしろくするコツ！

「ぐるっと1回回しましょ」「ぐるっと1回回さない」などもくわえてみましょう。

「かた上げて」「かた下げない」「あご上げない」

リーダー

手あそび ★ ジャンケンの心地よいノリが楽しい

後出しジャンケン

後出しをしているのに、なぜかつられてしまうふしぎなジャンケン。
少しずつスピードアップして、反しゃ神けいをきたえちゃおう！

1 リーダーが「ジャンケンポン！」と言った後に、ジャンケンのしゅるいをひとつ出します。
さんか者は、リーダーの後につづいて「ポン！」と言いながら、
両手ともにリーダーと同じしゅるいのジャンケンを出してください。

初級

> リーダーは、つぎつぎに「ジャンケンポン！」と言いながら、ジャンケンのしゅるいをかえていきます。ほとんどの人ができるはず。

2 次は中級です。リーダーの出すジャンケンを見て、さんか者は「勝つしゅるい」のジャンケンを考えてから「ポン！」と言いながら出してみましょう。初級にくらべて、少しむずかしいですよ。

中級

> 「ポン！」のタイミングがおくれないようにします。

3 さらにむずかしい上級に入ります。今度はリーダーが出したジャンケンに「負けるしゅるい」のジャンケンを出してください。

上級

> さんか者は「ポン！」の声が小さくなりがちなので気をつけましょう。

> **おもしろくするコツ！**
> なれてきたら、どんどんスピードアップしましょう。アウトのはん定はひつようありません。間ちがえた人はわらってごまかしましょう。

みんなあそび 手あそび ★ 自分の間ちがいに思わずわらいが

グーパー空手

空手のポーズを取り入れたこのしゅ目。上手にできるかどうかよりも、まずはリズムに乗ることが大事。初級からゆっくり練習しよう。

1 左手をグーにして左むねあたりにかまえます。右手は前にのばしてパーのポーズのままでいること。

> リーダーはさんか者からよく見えるいちに立ちましょう。

2 リーダーが「せーの!」と声をかけて、左手は前にのばしてパー。同時に右手は引っこめて右むねの前にかまえ、グーにしてください。これを数回くり返します。これが初級の動きです。

初級

右手パー、左手グー。 → 右手グー、左手パー。 → 右手パー、左手グー。

3 次は中級です。左手をパーにしてむねの前にかまえ、右手は前にのばしてグーにしてかまえましょう。リーダーの「せーの!」のかけ声で、右手と左手を初級と同じように取りかえてください。

右手グー、左手パー。　　右手パー、左手グー。

リーダーの「せーの!」という声かけが、全体のテンポとリズムを作ります。リーダーは事前にかならず声かけの練習をしておきましょう。

4 さい後は上級です。中級の動作にさらにはく手を1回くわえます。左右の手を取りかえるときにはく手の動作を入れてください。あわててうまくできないさんか者が出てくるはず。一方、うまくできたさんか者にははく手を送りましょう。

上級

右手グー、左手パー。

はく手を1回。

右手パー、左手グー。

おもしろくするコツ!
リーダーの「せーの!」の声かけの後に、さんか者に「ヨイショ!」とかけ合ってもらうと、むずかしさがアップします。

みんなあそび 手あそび ★ お手つきに注意!

コミュ力／社会性／想像力

売っていたらはく手

注意して聞かないと、引っかけ問題につまずいてしまうかも。
はく手はしっかりと大きな音でしよう。

1 さんか者はリーダーを中心にわになりましょう。リーダーが見えて声が聞こえる場所にいちします。リーダーが「物の名前」を言います。みなさんは「八百屋さんで売っているものがあったとき」だけ、大きなはく手をしてください。間ちがえて手をたたいた人はアウトです!

リーダーははじめはテンポをゆっくりめで、少しずつ早くしていくこと。さんか者は、はく手を大きくす早くするようにしましょう。

リーダーは、品物の名前を言いながら自身もはく手をしましょう。

アウトになったさんか者は、その場にすわりましょう。

おもしろくするコツ!

なれてきたら、お題となるお店やジャンルをかえてあそんでみましょう。
れい)「さんま・かつお・ぶり・まぐろ・いわし・たわし」(魚屋さん)
　　　「アトム・アンパンマン・ポケモン・ドラえもん・コナン・コイン」(アニメ)

| みんなあそび | 手あそび ★ あわてる様子がおもしろい! | 器用さ / 観察力 / 思考力 |

頭たたき はらさすり

ふつう!

みんなで大こんらんする様子に、思わずわらってしまうかも!?
「頭さすり はらたたき」になってしまわないように、落ち着いて行おう。

1 さんか者はリーダーが見えるいちにつきましょう。
左手と右手でちがう動きをしてもらいます。
まず、左手でおなかをさすってください。
そして、右手で頭を軽くポンポンとたたきましょう。

2 リーダーが「せーの!」と合図を出したら、
さんか者は左手で頭を軽くたたき、
右手でおなかをさする動きにチェンジしてください。

> リーダーは動作がかんぺきにできるよう、しっかりと練習しておきましょう。

左手でおなかをさすり、
右手で軽く頭をたたく。

せーの! →

右手でおなかをさすり、
左手で軽く頭をたたく。

> ひとつひとつの動作をしっかり行ってから、「せーの!」の合図でチェンジすること。5分ほど行いましょう。3回間ちがえるとアウトです。

おもしろくするコツ!

「せーの!」を言う間かくをどんどん短くしていくと、むずかしさアップ!

ジャンル別 さくいん

頭の体そう

ガッタイ	71
魚鳥木申すか申すか	162
口漢字大会	163
指間とび	70
じん間イエスノーゲーム	160
すきですか? きらいですか?	164
指の三・三・七びょう子	70
両手ひとりジャンケン	71
わたしは何?	165

あやとり

かめ	34
さかなとりあみ	90
ネクタイ	32
のびちぢみゴム	31
ぱんぱんほうき	30
もちつき	89
ヤシの木	88
リングおとし	33

イラストあそび

絵の記おく	58
同じネコをさがそう	60

歌あそび

おべん当箱	140
ちょうちょう	139
ドレミファドード	142
トントンパー	92
8421かたたたき	138
バランスカッコウ	94
もしカメひざたたき	136
もしカメもちつき	93

うらない

星うらない①	36
星うらない②	38
ゆめうらない	40

運動あそび

家の中の羊さん	192
おし合いっこ	100
かけっこ	20
ケンケン追い出しずもう	98
しっぽふみ	172
じん取り	99
新聞紙ずもう	97
スタンドアップ	102
大根ぬき	101
小さくな〜れ	103
なわとび	22

ハリケーンランニング	174
ペットボトルボウリング	188
冷凍人間	190
ロープ引きくずし	96

お絵かき

お話に出てくるキャラクターをかこう	75
動物園の人気者をかこう	73
パンやおかしをかこう	74
〇と△と□でかいてみよう	72

屋外あそび

秋の植物さがし	178
ウォークラリー	111
落とさないコンビ	110
雲さがし	182
小石さがし	180
新聞テープさんぽ	108
動物&こん虫ハンティング	114
葉っぱ&木の実のおもちゃ	204
春の植物さがし	176
ピョンピョンランド	112

おりがみ

あじさい	68
いちごのカード	19
インコ	64
ウインドボート	125

うでどけい	16
おすもうさん	126
かたつむり	67
かみでっぽう	146
さるのきのぼり	196
ジェットき	194
しゅりけん	195
せみ	66
だましぶね	127
ハートのブレスレット	17
ぱくぱく	145
バラ	69
はらぺこがらす	144
ぴょんぴょんがえる	147
ぶんぶんごま	18
ゆきうさぎ	65
ロケット	124

かげ絵

動物のかげ絵	76

工作

恐竜のたまご	26
くり返しも様	27
ダンボール・ブロック	28
モビール	24

ジャンル別 さくいん

サイコロあそび

足し算	82
引き算	83
かけ算	83

さいほう

バラのかみかざり	52
プリントのブローチ	54

さつえい

トリックフォト	46

シャボン玉

大きいシャボン玉	63
小さいシャボン玉	62

手話

手話	134

手あそび

頭たたき はらさすり	213
あっち向けホイ	122
後出しジャンケン	209
売っていたらはく手	212
かた上げて!	208
グーパー空手	210
剣と盾ジャンケン	85

こんにちは顔合わせ	120
ジャンケン算数	119
ジャンケン手たたき	86
ジャンケンホイホイ	84
タコとタヌキ	87
天狗の鼻ウーヤッ	123
ハイイハドン	121
鼻つまみ1・2・3	206
ヒピトゥイトゥイ	118

手品

あなが大きくなった?	187
うかぶペットボトル	107
うかんで消える10円玉	167
大きくなる5円玉のあな	168
思い通りにゆれるふり子	184
コインはいくつ入るかな?	169
こぼれない水	170
字がさかさまになっちゃった	107
だんだん見えてくる10円玉	104
なかよしクリップ	185
はがきのわくぐり	171
ハンドパワー風車	186
ひとつだけ落とせない10円玉	105
見える見える!	106
水がこぼれないビニールぶくろ	166

でんとうあそび

Sケン	200
オチャラカ	128
おはじき	203
紙ひこうきゴルフ	48
缶けり	198
けん玉	50
ゴムだんでダンス	132
将棋取り	130
ベーゴマ	202

トランプ

七ならべ	154
数字合わせ	156
ダウト	158
ババぬき	152

なぞなぞ

とくコツ① 後ろにある言葉	148
とくコツ② とくちょうをたとえる	148
とくコツ③ さかさにする	149
とくコツ④ きょう通のしぐさ	149
とくコツ⑤ くっつける	150
とくコツ⑥ 文字を取る	150
とくコツ⑦ ふたつの意味・ダジャレ	151
とくコツ⑧ えらぶ	151

早口言葉

初級編	116
中級編	117
上級編	117

ハンカチあそび

お人形	57
リボン	56

みかんアート

カメ	78
おとの様	80
パンツ	79
プテラノドン	79
目玉おやじ	80

りょう理

おにぎりをにぎってみよう	42
ごはんをたいてみよう	44
三角おにぎり、たわら形おにぎりにもチャレンジ！	43
たまごをやいてみよう	45

あいうえお さくいん

あ

秋の植物さがし	屋外あそび	178
あじさい	おりがみ	68
頭たたき はらさすり	手あそび	213
あっち向けホイ	手あそび	122
後出しジャンケン	手あそび	209
あなが大きくなった?	手品	187
家の中の羊さん	運動あそび	192
いちごのカード	おりがみ	19
インコ	おりがみ	64
ウインドボート	おりがみ	125
ウォークラリー	屋外あそび	111
うかぶペットボトル	手品	107
うかんで消える10円玉	手品	167
売っていたらはく手	手あそび	212
うでどけい	おりがみ	16
Sケン	でんとうあそび	200
絵の記おく	イラストあそび	58
大きいシャボン玉	シャボン玉	63
大きくなる5円玉のあな	手品	168
おし合いっこ	運動あそび	100
おすもうさん	おりがみ	126
オチャラカ	でんとうあそび	128
落とさないコンビ	屋外あそび	110
おとの様	みかんアート	80
同じネコをさがそう	イラストあそび	60
おにぎりをにぎってみよう	りょう理	42
お人形	ハンカチあそび	57
おはじき	でんとうあそび	203
お話に出てくるキャラクターをかこう	お絵かき	75
おべん当箱	歌あそび	140
思い通りにゆれるふり子	手品	184

か

かけ算	サイコロあそび	83
かけっこ	運動あそび	20
かた上げて!	手あそび	208
かたつむり	おりがみ	67
ガッタイ	頭の体そう	71
かみでっぽう	おりがみ	146
紙ひこうきゴルフ	でんとうあそび	48
かめ	あやとり	34
カメ	みかんアート	78
缶けり	でんとうあそび	198
恐竜のたまご	工作	26
魚鳥木申すか申すか	頭の体そう	162
グーパー空手	手あそび	210

218

口漢字大会	頭の体そう	163
雲さがし	屋外あそび	182
くり返しも様	工作	27
ケンケン追い出しずもう	運動あそび	98
けん玉	でんとうあそび	50
剣と盾ジャンケン	手あそび	85
小石さがし	屋外あそび	180
コインはいくつ入るかな?	手品	169
ごはんをたいてみよう	りょう理	44
こぼれない水	手品	170
ゴムだんでダンス	でんとうあそび	132
こんにちは顔合わせ	手あそび	120

さ

さかなとりあみ	あやとり	90
さるのきのぼり	おりがみ	196
三角おにぎり、たわら形おにぎりにもチャレンジ!	りょう理	43
ジェットき	おりがみ	194
字がさかさまになっちゃった	手品	107
指間とび	頭の体そう	70
七ならべ	トランプ	154
しっぽふみ	運動あそび	172
ジャンケン算数	手あそび	119

ジャンケン手たたき	手あそび	86
ジャンケンホイホイ	手あそび	84
しゅりけん	おりがみ	195
手話	手話	134
将棋取り	でんとうあそび	130
じん取り	運動あそび	99
新聞紙ずもう	運動あそび	97
新聞テープさんぽ	屋外あそび	108
じん間イエスノーゲーム	頭の体そう	160
数字合わせ	トランプ	156
すきですか? きらいですか?	頭の体そう	164
スタンドアップ	運動あそび	102
せみ	おりがみ	66

た

大根ぬき	運動あそび	101
ダウト	トランプ	158
タコとタヌキ	手あそび	87
足し算	サイコロあそび	82
たまごをやいてみよう	りょう理	45
だましぶね	おりがみ	127
だんだん見えてくる10円玉	手品	104
ダンボール・ブロック	工作	28
小さいシャボン玉	シャボン玉	62

あいうえお さくいん

小さくな〜れ	運動あそび	103
ちょうちょう	歌あそび	139
天狗の鼻ウーヤッ	手あそび	123
動物&こん虫ハンティング	屋外あそび	114
動物園の人気者をかこう	お絵かき	73
動物のかげ絵	かげ絵	76
とくコツ①後ろにある言葉	なぞなぞ	148
とくコツ②とくちょうをたとえる	なぞなぞ	148
とくコツ③さかさにする	なぞなぞ	149
とくコツ④きょう通のしぐさ	なぞなぞ	149
とくコツ⑤くっつける	なぞなぞ	150
とくコツ⑥文字を取る	なぞなぞ	150
とくコツ⑦ふたつの意味・ダジャレ	なぞなぞ	151
とくコツ⑧えらぶ	なぞなぞ	151
トリックフォト	さつえい	46
ドレミファドード	歌あそび	142
トントンパー	歌あそび	92

な

なかよしクリップ	手品	185
なわとび	運動あそび	22
ネクタイ	あやとり	32
のびちぢみゴム	あやとり	31

は

ハートのブレスレット	おりがみ	17
ハイイハドン	手あそび	121
はがきのわくぐり	手品	171
ぱくぱく	おりがみ	145
8421かたたたき	歌あそび	138
葉っぱ&木の実のおもちゃ	屋外あそび	204
鼻つまみ1・2・3	手あそび	206
ババぬき	トランプ	152
早口言葉 上級編	早口言葉	117
早口言葉 初級編	早口言葉	116
早口言葉 中級編	早口言葉	117
バラ	おりがみ	69
バラのかみかざり	さいほう	52
はらぺこがらす	おりがみ	144
バランスカッコウ	歌あそび	94
ハリケーンランニング	運動あそび	174
春の植物さがし	屋外あそび	176
パンツ	みかんアート	79
ハンドパワー風車	手品	186
ぱんぱんほうき	あやとり	30
パンやおかしをかこう	お絵かき	74
引き算	サイコロあそび	83

220

ひとつだけ落とせない10円玉	手品	105
ヒピトゥイトゥイ	手あそび	118
ぴょんぴょんがえる	おりがみ	147
ピョンピョンランド	屋外あそび	112
プテラノドン	みかんアート	79
プリントのブローチ	さいほう	54
ぶんぶんごま	おりがみ	18
ベーゴマ	でんとうあそび	202
ペットボトルボウリング	運動あそび	188
星うらない①	うらない	36
星うらない②	うらない	38

ま

○と△と□でかいてみよう	お絵かき	72
見える見える!	手品	106
水がこぼれないビニールぶくろ	手品	166
目玉おやじ	みかんアート	80
もしカメひざたたき	歌あそび	136
もしカメもちつき	歌あそび	93
もちつき	あやとり	89
モビール	工作	24

や

ヤシの木	あやとり	88
ゆきうさぎ	おりがみ	65
指の三・三・七びょう子	頭の体そう	70
ゆめうらない	うらない	40

ら

リボン	ハンカチあそび	56
両手ひとりジャンケン	頭の体そう	71
リングおとし	あやとり	33
冷凍人間	運動あそび	190
ロープ引きくずし	運動あそび	96
ロケット	おりがみ	124

わ

わたしは何?	頭の体そう	165

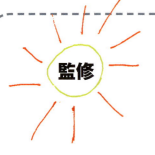

監修

運動あそび・でんとうあそび・シャボン玉・頭の体そう・手あそび・歌あそび・屋外あそび
東 正樹（あずま・まさき）
三重県出身。大学で社会学や体育学を専攻しながら、ボランティア活動を通じてキャンプやレクリエーションゲームのノウハウを習得。卒業後は東京都レクリエーション協会連盟（現：協会）の講師として、企業や学校などでレクリエーションゲームを指導するほか、B&G体験クルーズや指導者養成研修の講師としても活躍。TBSラジオ『全国こども電話相談室』の回答者や日本オリンピック委員会強化スタッフを務めるなど、幅広い活動を展開し続けている。

あやとり
国際あやとり協会
(International String Figure Association)
1978年、野口廣氏により設立された「日本あやとり協会」を前身とし、その後、1994年にISFAと改称。本部はアメリカ・カリフォルニア州。急速に消滅しつつある世界のあやとりを収集・保存・研究し、大昔からあるこのあそびを次世代に伝えることを目的とした団体。

星うらない
G・ダビデ研究所
〈オフェリア・麗〉
（じーだびでけんきゅうじょ・おふぇりあ れい）
魚座・B型特有の深い直感に導かれて占星術とめぐり合い、故G・ダビデ師のもと、その奥義をきわめる。鋭いインスピレーションに満ちたホロスコープ解釈とアドバイスは抜群の的中率を誇り、占い界の第一人者として圧倒的支持を得ている。

ゆめうらない
梶原まさゆめ（かじわら・まさゆめ）
東京都在住。夢解き師・占い師、フリーライター。1996年に夢診断の草分け的サイト「眠り男の夢占い」の運営を始め、独自の夢の解釈が評判となり人気を得る。

りょう理
藤井 恵（ふじい・めぐみ）
料理研究家・管理栄養士。女子栄養大学卒業。家庭料理からお弁当、おつまみ、お菓子まで作りやすいレシピが人気で、雑誌や書籍、広告、テレビなどで活躍中。子育て経験に裏打ちされた、おいしくて作りやすいレシピにはファンが多数。著書は『新装版 藤井恵さんちの卵なし、牛乳なし、砂糖なしのおやつ』『やせぐせおかず』（ともに主婦の友社）など多数。

さいほう
くまだまり
クラフト作家、イラストレーター。紙細工、刺しゅう、粘土細工など、さまざまな手作り作品を手がけ、書籍や雑誌で活躍中。著書は『かわいい！おしゃれ！かんたん！行事の製作アイディアBOOK』（学研プラス）、『どうぶつカードを贈ろう』（グラフィック社）、『焼かずに作れる!!陶器みたいなねんどのアクセサリー』（日東書院本社）など多数。

お絵かき
くわざわゆうこ
イラストレーター。編集プロダクション、デザイン会社を経て、イラストレーターとして2006年に独立。子どもの書籍や絵本を中心に活躍中。著書に『4色ボールペンでかんたん＆かわいいイラストを描く!』（主婦の友社）、絵本に『ばあ～っ！（はじめてであうえほんシリーズ）』（くもん出版）など。

みかんアート
笹川 勇（ささがわ・いさむ）
みかんの皮、おしぼり、手袋、洗濯ばさみなど、身近なもので作品を作る「半径30センチの芸術家」。絵本作家、放送作家、脚本家など、多彩な顔も。近著に『おててをぽん』『おかしなおつかい』（ともに学研プラス）など。
https://ameblo.jp/sasablog/
（ササブログ）

手品
東京大学奇術愛好会
半世紀に及ぶ歴史を誇る、大学手品サークルの代表格。主に年3回のステージ発表（駒場祭、五月祭、発表会）を目標に、ステージマジックの腕を磨いている。また、テーブルマジックの講習会、ホテルやマジックカフェ、小学校などでマジックを披露する活動も行っている。150人を超える部員が在籍し、プロマジシャンとなって世界大会で活躍するOBも。監修書に『東大式タネなし手品ベスト30』（主婦の友社）など。
http://www.ut-magic.org/

屋外あそび
泉 健司（いずみ・けんじ）
愛知県出身。自然公園などのプロデュース、草地環境の回復に努めている。東京農業大学農学科副手を務めたのち、環境アセスメントをはじめとした各種植生調査、フロラ調査の仕事に従事。1996年、ビオトープ・ガーデンを提唱。教育活動にも力を入れており、スキルの高いボランティアの養成やさまざまな講演、講習会、各種教育施設での企画展示、自然造形物を素材としたインスタレーション、WEBコンテンツなどの制作を行う。

手話
谷 千春（たに・ちはる）
手話通訳士。NHKの手話ニュースキャスターやテレビの手話講座の講師を経て、現在、NPO手話技能検定協会副理事。わかりやすい解説には定評があり、大学、カルチャーセンターや企業での手話講座の講師としても人気。英語の手話も堪能で、数々の国際会議でも手話通訳者として活躍している。監修書は『DVDつき ゼロからわかる手話入門』『DVDつき はじめてのボランティア手話』（ともに主婦の友社）など多数。

なぞなぞ
高柳 優（たかやなぎ・まさる）
静岡県浜松市生まれ。1993年、京都大学総合人間学部に入学。クイズ研究会に入会し、問題作成や企画立案などに尽力。現在は、クイズやパズルを作成する一方、東京、大阪、名古屋など全国各地でクイズイベントを企画して実施。

スタッフ

●ブックデザイン
今井悦子 (MET)

●表紙イラスト
立本倫子 (Colobockle Inc.)

●撮影
千葉 充
鈴木江実子

井坂英彰［屋外あそび］
泉 健司［屋外あそび］
木奥惠三［工作］
小室和宏 (DNPメディア・アート)
　［おりがみ作品・モデル］
佐山裕子 (主婦の友社写真課)
　［おりがみ作品・モデル］
橋本伊礼［みかんアート］
藤田政明［手品］
三富和幸 (DNPメディア・アート)
　［おりがみ作品、あやとり］

●取材・文
唐木順子［おりがみ］
鈴木キャシー裕子［おりがみ］
濱田恵理［工作、運動あそび、さつえい、
　でんとうあそび、かげ絵、屋外あそび、
　トランプ］
久一哲弘［手品］
紐野義貴［頭の体そう、手あそび、
　歌あそび、星うらない、ゆめうらない］
宮上徳重［頭の体そう、手あそび、
　歌あそび、早口言葉］

●イラスト
アトリエC［さいほう］
石田祐子［みかんアート］
いとうみつる［なぞなぞ、サイコロあそび］
大森裕美子［あやとりプロセス］
岡本倫幸［星うらない、ゆめうらない、
　頭の体そう、手あそび］
くわざわゆうこ［あやとりイメージ］
小林直子 (ワッキーワーク)［手品］
the roket gold star［早口言葉］
ひろいまきこ［歌あそび］
安田ナオミ［でんとうあそび、運動あそび］
やのひろこ［屋外あそび、トランプ、
　でんとうあそび、運動あそび］
Yuzuko［手話］

●すごろく制作
轟 由紀 (株式会社京田クリエーション)

●パラパラ漫画制作
株式会社アトムストーリー

●おりがみ制作
唐木順子
鈴木キャシー裕子

●工作制作
鈴木あきこ

●スタイリスト
伊藤みき (tricko)

●モデル
北川 心
木庭 政
玉置璃杏・向日葵・暖
松尾紗良・美良

五十嵐丈也、川田大翔、小宮桜子、
田邊朔良、矢作さえ［おりがみ］
金子 想［あやとり］
髙木彩香・優香［さいほう］
長島良介・悠人・実桜・萌桃［屋外あそび］
木奥美玖［工作］

●校正
荒川照実
佐藤明美
田杭雅子［おりがみ］

●協力
一般社団法人 東京都レクリエーション協会
［運動あそび、でんとうあそび、シャボン玉、頭の体そう、手あそび、歌あそび、屋外あそび］

●撮影補助
古林里菜

●編集担当
三宅川修慶
池上利宗
松本可絵
(以上、主婦の友社)

参考文献

『イベントおりがみ』
『決定版 男の子のおりがみ』
『決定版 女の子のおりがみ』
『決定版 かんたんあやとり』
『東大式タネなし手品ベスト30』
『4色ボールペンでかんたん&かわいいイラストを描く!』
『DVDつき ゼロからわかる手話入門』
『みかんでつくれるゾウ&仲間たち』
『親子で楽しく「ぬう」と「あむ」』
『親子クッキング』
『星座+血液型占い』
『決定版! 夢占い』
『たのしい親子遊び108』
『運動Comoキッズ』
『身近な自然かんさつ』
『ちびっこアーチストを育てるお絵かきあそび』
(以上、主婦の友社)

総監修者　久保田 競(くぼた きそう)

1932年大阪生まれ。京都大学名誉教授、医学博士、脳科学者。東京大学医学部・同大学院卒業後、同大講師を経て、京都大学霊長類研究所にてサルの前頭葉の構造と機能を研究。同大教授、同研究所所長を歴任。2011年春、瑞宝章を受章。40年前から赤ちゃん育脳の意義を唱え続け、妻カヨ子氏とともに久保田式育児法を考案。「脳の発達に応じた教育」をいち早く提案している。

頭(あたま)のいい子(こ)が育(そだ)つ あそび図鑑(ずかん)

2017年12月31日　第1刷発行

編　者　主婦の友社
発行者　矢﨑謙三
発行所　株式会社主婦の友社
　　　　〒101-8911 東京都千代田区神田駿河台2-9
　　　　電話(編集)03-5280-7537
　　　　　　(販売)03-5280-7551
印刷所　大日本印刷株式会社

©SHUFUNOTOMO CO., LTD. 2017 Printed in Japan　ISBN978-4-07-426880-1

◎本書の内容に関するお問い合わせ、また、印刷・製本など製造上の不良がございましたら、主婦の友社(電話03-5280-7537)にご連絡ください。
◎主婦の友社が発行する書籍・ムックのご注文は、お近くの書店か主婦の友社コールセンター(電話0120-916-892)まで。
＊お問い合わせ受付時間　月～金(祝日を除く)9:30～17:30
◎主婦の友社ホームページ　http://www.shufunotomo.co.jp/

R本書を無断で複写複製(電子化を含む)することは、著作権法上の例外を除き、禁じられています。
本書をコピーされる場合は、事前に公益社団法人日本複製権センター(JRRC)の許諾を受けてください。
また本書を代行業者等の第三者に依頼してスキャンやデジタル化することは、たとえ個人や家庭内での利用であっても一切認められておりません。
JRRC〈http://www.jrrc.or.jp　eメール:jrrc_info@jrrc.or.jp　電話03-3401-2382〉

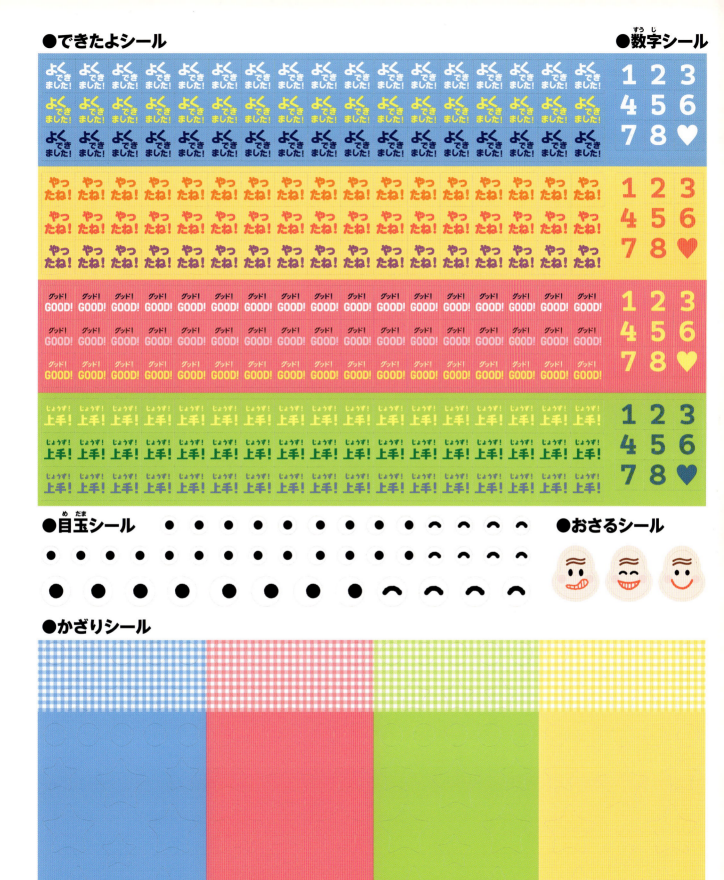